三老四严

三老
对待革命事业要：
当老实人　说老实话　做老实事

四严
干革命工作要有：
严格的要求　严密的组织　严肃的态度　严明的纪律

三老四严

《三老四严》编写组 编著

石油工业出版社

图书在版编目（CIP）数据

三老四严 /《三老四严》编写组编著. —北京：石油工业出版社，2020.9

ISBN 978-7-5183-4191-7

Ⅰ.①三… Ⅱ.①三… Ⅲ.①石油工业 – 工业企业 – 思想政治教育 – 中国 – 学习参考资料Ⅳ.① D412.62

中国版本图书馆 CIP 数据核字（2020）第 161062 号

出版发行：石油工业出版社

（北京安定门外安华里 2 区 1 号　100011）

网　址：www.petropub.com

编辑部：（010）64523537　　图书营销中心：（010）64523633

经　销：全国新华书店

印　刷：北京中石油彩色印刷有限责任公司

2020 年 9 月第 1 版　2020 年 9 月第 1 次印刷
710×1000 毫米　开本：1/16　印张：15.5
字数：220 千字

定价：65.00 元
（如出现印装质量问题，我社图书营销中心负责调换）
版权所有，翻印必究

《三老四严》编委会

主　任：方　庆　陈广玉

副主任：宣伟东

成　员：宋传修　李新宇　李克敏
　　　　董增有　王亚明　张玉生
　　　　刘建发　朱　焱

编写组：常　江　刘一鸣　张宜秀
　　　　耿保彬　刘　洋　许　新
　　　　赵彦光　王　成　薛会彦

在延安中央党校，毛泽东同志亲笔题的四个大字，叫"实事求是"。我看大庆讲"三老"，做老实人，说老实话，干老实事，就是实事求是。

——摘自1977年7月21日，邓小平在中国共产党十届三中全会上的讲话这里到处洋溢着体现中国工人阶级风貌的大庆精神，这就是为国争光、为民族争气的爱国主义精神；独立自主、自力更生的艰苦创业精神；讲究科学、"三老四严"的求实精神；胸怀全局、为国分忧的奉献精神。

——摘自1990年2月25日，江泽民在大庆油田视察时的讲话大庆"三老四严"的优良传统不能丢。要严格要求、严格带队伍,把大庆传统继承好。

——摘自2007年2月2日,胡锦涛在考察苏丹喀土穆炼油有限公司时的讲话大力弘扬以"苦干实干""三老四严"为核心的石油精神,深挖其蕴含的时代内涵,凝聚新时期干事创业的精神力量。

——摘自 2016 年 6 月,中国共产党成立 95 周年前夕,习近平作出的重要批示

前　言

　　大庆油田，这片回荡着中国工人阶级英雄浩气的土地，记载着中国石油人创下的一串串勋功伟业。这其中不仅仅是大庆为国家创造了巨大的物质财富，更重要的是创造了宝贵的精神财富。2016年6月，中国共产党成立95周年前夕，习近平总书记作出"大力弘扬以'苦干实干''三老四严'为核心的石油精神，深挖其蕴含的时代内涵，凝聚新时期干事创业的精神力量"的重要批示。2019年9月26日，习近平总书记在致大庆油田发现60周年的贺信中指出："大庆油田的卓越贡献已经镌刻在伟大祖国的历史丰碑上，大庆精神、铁人精神已经成为中华民族伟大精神的重要组成部分。"习近平总书记重要指示批示精神为建设百年油田指明了前进方向，注入了新的动力。

　　精神传统既是时代发展的深刻印记，更是指导实践的鲜明路标。20世纪60年代，那场波澜壮阔的石油大会战，不仅让新中国一举甩掉了贫油落后的帽子，而且培育了享誉全国的大庆精神铁人精神。诞生于大庆油田第一采油厂的"三老四严"优良作风，是在大庆会战工委的坚强领导下，在石油会战的伟大实践中，由石油生产一线职工首创，反复检验，丰富完善，并升华为大庆石油人的精神信仰，成为了大庆精神的重要组成部分和石油工业的特色基因，融入到中华民族精神的红色血脉之中。

大庆油田第一采油厂（简称一厂）依靠"三老四严"而站立，秉承"三老四严"而发展。一代代一厂人面对艰难困苦和挑战，始终保持饱满的政治热情、旺盛的革命斗志和昂扬的精神状态，作出了1000万吨以上稳产40年、累计产油6亿多吨的巨大贡献。骄人业绩凝聚着一厂人生生不息、矢志不渝的孜孜求索，激励着一厂人继往开来、勇攀高峰的创新实践。面对推进高质量发展的新挑战，第一采油厂用"三老四严"优良传统激发出最持久、最深沉的力量，强化传统意识，坚持严实作风，做到政治本色不变、优良传统不丢、奋斗精神不减。

长风鼓激浪，远程扬高帆。站在新的历史起点上，一厂人正承载保障国家能源安全的历史担当，怀揣建功百年的伟大梦想，秉承"'三老四严'立身，原油稳产立功"的责任使命，发扬求严求实的传统荣光，意气风发，激流勇进，攀登求索，用更加奋进的姿态，更加辉煌的业绩，为时代立传，为祖国加油！

目 录

第一章 "三老四严"的产生 … 1
一、"三老四严"的形成 … 1
二、"三老四严"发源地——中四采油队 … 21

第二章 "三老四严"的内涵 … 28
一、"三老四严"的具体内容 … 28
二、"三老四严"的主要特征 … 33
三、"三老四严"的辩证关系 … 35

第三章 "三老四严"的实践 … 39
一、中四采油队弘扬"三老四严"的生动实践 … 39
二、第一采油厂弘扬"三老四严"的生动实践 … 45
三、"三老四严"在大庆油田的传播弘扬 … 82

第四章 "三老四严"的传承 … 96
一、坚持"三老四严"铸魂,在思想教育上"出实招" … 96
二、坚持"三老四严"固本,在基层党建上"做实功" … 101
三、坚持"三老四严"强基,在企业管理上"创实绩" … 105
四、坚持"三老四严"塑形,在队伍建设上"求实效" … 116

第五章 "三老四严"的故事 125
一、苦干实干篇 125
二、严细认真篇 128
三、求真求实篇 134
四、关爱员工篇 139
五、爱岗敬业篇 141
六、勤于钻研篇 150

第六章 "三老四严"的思考 154
一、"三老四严"的时代价值 154
二、"三老四严"的传承方向 165
三、"三老四严"的传承载体 173

附录 177
一、中四采油队大事记 177
二、中四采油队会议发言摘录 185
三、"三老四严"相关宣传 203

参考文献 230

后记 231

第一章
"三老四严"的产生

20世纪60年代轰轰烈烈的大庆石油大会战,改变了我国石油工业的落后面貌,挺起了中华民族的脊梁,培育了以"爱国、创业、求实、奉献"为主要内涵的大庆精神。作为大庆精神的重要内容之一,讲究科学、"三老四严"的求实精神是大庆油田职工在中国共产党的领导和教育下,以马克思列宁主义、毛泽东思想为指导,在生产斗争与科学实验中自觉实践的结果,是与一切愚昧落后、不文明不科学的旧习惯坏作风作斗争,一点一滴培育、养成、发展起来的。大庆人常说,讲干劲要猛如老虎,讲细劲要细如绣花。这种"细"说的就是求实精神,体现了石油职工高度的革命自觉和严细认真的工作态度。大庆石油会战初期形成的"三老四严"就是这种革命精神的具体表现,它是在特殊的时期、特殊的地点,由一群特殊的人创造而成,保证了当时石油大会战的顺利推进,在大庆油田开发建设史上发挥了至关重要的作用。

一、"三老四严"的形成

(一)"三老四严"形成的时代背景

石油,被称为"黑色的金子""工业的血脉",是国家生存和发展不可或缺的战略资源。古代中国是最早发现和利用石油的国家之一,勤劳勇敢的中国人民在五千年的文明史中,创造了灿烂的石油文明。可近代以来,半殖民地半封建社会的中国,石油工业远远落在了西方国家之后,石油工业举步维艰。

历史记载了中国劳动人民的智慧和骄傲，也讲述了长期封建统治下生产力发展的缓慢和中华民族靠"洋油"过日子的耻辱。当美国、法国和英国等西方国家在他们的本土和海外领域已经发展起来规模庞大的现代石油工业的时候，中国却还停留在古老的"淘油"阶段。直到19世纪中叶，在洋务官僚和早期资产阶级改良派参加的洋务运动中，中国近代的石油工业才开始出现。摆在中国石油工作者面前的不仅是物质基础和技术力量薄弱，还有"中国贫油"的思想束缚。

有人曾这样描述中国缺油和"洋油"充斥的情景："从大城市的街头巷尾到偏僻的村镇，到处是德士古的广告，马路边开设着亚细亚的加油站，油桶上贴着美孚公司的标签。"面对这种情况，以杰出的地质学家潘钟祥为代表的我国一批地质工作者，从理论和实践上进行反驳，在1941年提出了"陆相生油理论"，阐释在幅员辽阔的中国大地上蕴藏着丰富的石油矿藏。这一理论打破了西方"唯有海相生油"的错误观点，从而坚定了发展我国石油工业的信心。

中华人民共和国成立之后，国家建设对石油的需求与日俱增，但由于没有重大的发现，石油工业落后、基础薄弱、布局极其不合理的状况没有从根本上得到扭转，国内石油的生产已经远远不能满足需要，党中央对于改变中国石油工业落后面貌已经到了殚精竭虑的程度。1950年，燃料工业部在北京召开了第一次全国石油工业工作会议，研究和制定石油工业在三年国民经济恢复时期的方针和任务。1953年，中国开始了第一个国民经济建设五年计划，石油工业也进入了一个新的建设时期。大力发展人造油还是寻找天然油，成为当时一个争论核心。1953年底，毛泽东、周恩来等党和国家领导人把地质部部长李四光请到中南海，征询他对中国石油资源的看法。毛泽东十分担心地说："要进行建设，石油是不可缺少的，天上飞的，地下跑的，没有石油都转不动啊！"李四光根据数十年来地质力学的研究成果，分析了中国的地质条件，陈述了他不同意"中国贫油"的论点,深信在中国辽阔的领域,天然石油的贮藏量应当是丰富的,关键是要抓紧地质勘探工作,打破局限西北一隅的勘探局面,展开全国范围内的石油地质普查工作。1955年9月,中央人民政府成立石油工业部,任命解放军后勤学院院长李聚奎为部长,全面加强石油工业的生产建设工作。从此,在中国广袤的大地上,开始了较大规模的石油勘探开发建设工作。通过对新疆准噶尔盆地的勘探,1955年10月29日,新疆准噶尔盆地西北缘黑油山1号井喷出工业油流,发现了新中国成立之后第一个大油田——克拉玛依油田,新中国石油工业大规模开发建设的序幕就此拉开,脍炙人口的《克拉玛依之歌》传遍全国。1956年,我国社会主义建设全面展开。这一年,毛泽东等中央领导同志两次听取石油工业部李聚奎、康世恩的汇报。毛泽东说:"美国人老讲中国地层老,没有石油。看起来起码新疆、甘肃这些地方是有的,怎么样?石油部你也给我们树立点希望!"毛泽东还感慨道:"搞石油艰苦啦!看来发展石油工业,还得革命加拼命。"党中央对石油工业的关心希望,成了石油人的座右铭和奋斗目标。

中华人民共和国成立之初,我国石油工业的形势十分严峻

  中华人民共和国成立10年间，经过艰苦奋斗，石油地质勘探打开了一些局面，但是石油工业落后的情况还没有得到根本改变。首先，石油产品产量低。1959年，全国石油产品的销售量为504.9万吨，其中自产的仅205万吨，自给率为40.6%。1960年，国家计划原油需要1000万吨，实际只能生产500万吨。由于缺油，许多工厂停产，一些地方的汽车改烧木炭、酒精，就连北京的公共汽车也背上了煤气包。由于油料短缺，军队的飞行训练和执勤都受到严重影响。朱德曾忧心忡忡地说："现代战争打的就是钢铁和石油。有了这两样东西，打起仗来就有了物质保障；没有石油，飞机、坦克、大炮不如一根打狗棍。"为解决国内需要，不得不耗用大量外汇进口原油和成品油，即便如此，油品的供应情况仍然十分紧张。民用油中数量最大的煤油和柴油，商业部门年底库存量1959年比1958年分别下降15%和24%，1960年比1959年又分别下降38%和23%，高级航空燃料则全部依赖进口。其次，石油工业的布局和国民经济的发展需要不相适应。作为石油工业基础的石油资源，偏蕴于西北地区。1959年，98%的原油产量和61.7%的原油加工能力在陕西、甘肃、青海、新疆等省、自治区，而90%以上的消费量在东部经济较发达的地区，生产和消费的布局极不协调。最后，国家对石油工业发展的投资少。1960年国家对石油工业的投资只有10亿元，1961年又减少了52%。当时石油工业发展的主要矛盾从整体上说

20世纪60年代，北京使用煤气包的公共汽车

是缺少足够的后备储量，原油生产的增长受到制约。要想摆脱被动局面，适应国民经济发展的需要，必须从勘探上取得重大突破，尽快找到和开发新的大油田。

（二）"三老四严"形成的现实情况

1958年2月27日和28日，主管石油工业的中共中央总书记、国务院副总理邓小平听取石油工业部的工作汇报，明确指出要立足天然油，要在全国更大的范围内开展勘探，把石油勘探布局向东部转移。邓小平的这次谈话，大大加速了我国石油勘探东移的进程，对中国石油工业实现大发展，实现质的飞跃意义重大。

余秋里接任石油工业部部长后，抓的第一件事就是坚决贯彻邓小平的指示精神，组织制定石油工业第二个五年计划，实施石油勘探战略东移，把松辽盆地作为石油勘探战略东移的主战场之一。在短短3个月的时间里，松辽盆地勘探机构连升3级，在中国石油工业的发展历程中实属罕见。1958年6月25日，新华社发出了《松辽平原有石油》的消息，报道说："松辽平原不久将成为我国重要的油区之一。"

1959年9月26日，是一个石破天惊的日子，在黑龙江省大同镇高台子地区打的第三口基准井——松基三井喜喷工业油流，日产量13.02吨。喜讯迅速传遍松辽盆地，传到哈尔滨、长春、北京。为了庆贺国庆十周年前夕发现油田，时任黑龙江省委第一书记欧阳钦提议，把松基三井所在的大同镇改名为大庆镇。大同长垣也改称为大庆长垣，这个长垣构造带上的油田定名为大庆油田。大庆油田的横空出世，验证了"陆相生油理论"，打破了"中国贫油"的论断，大长了中国人的志气。2019年9月26日，习近平总书记在致大庆油田发现60周年的贺信中指出："60年前，党中央作出石油勘探战略东移的重大决策，广大石油、地质工作者历尽艰辛发现大庆油田，翻开了中国石油开发史上具有历史转折意义的一页。"

1959年9月26日，松基三井喜喷工业油流

我国的石油工业落后，底子薄弱。要大规模勘探开发大庆油田，只靠松辽石油勘探局的力量远远不够，从其他石油局厂抽调力量也难以满足需要。在当时的国际环境下，不可能在物质上、技术上得到国外援助，只能立足于自己的力量，独立自主地进行勘探开发和建设。如果采取常规办法进行勘探，很难在短期内解决国家缺油问题。从当时全国石油行业来看，17万职工、10多亿元投资和100多台钻机，实力相当可观。这些力量如果集中起来，就能使全局的劣势变成局部的优势。为此，石油工业部研究决定，集中全国石油厂矿绝大部分人力、物力和财力，以打歼灭战的形式，组织一场石油大会战，争取以最快的速度、最高的水平，把这个大油田勘探开发建设好，把石油工业落后的帽子甩到太平洋去。

1960年2月13日，石油工业部党组给中央正式递交了《关于东北松辽地区石油勘探情况和今后工作部署问题的报告》，仅用了7天中央就作出批示，以中央文件形式向有关地区和部门转发。接着，周恩来总理作了具体指示和部署。于是，一场从根本上改变新中国石油工业落后面貌的石油大会战拉开了序幕。

组织石油大会战，遇到的第一个问题是人力不足。石油工业部领导想到了新中国成立初期，中国人民解放军19军57师成建制转为石油工程第一师的办法,向毛主席和中央军委汇报,请求分给3万转业退伍官兵。得到批准后,前后两次安排33000名退伍官兵参加石油会战。与此同时,玉门、青海、四川、新疆等全国石油系统37个厂矿、院校,组织1万多名精兵强将,自带设备,由主要领导带队,参加这场轰轰烈烈的大庆石油大会战。从1960年3月开始,参战人员奔赴冰天雪地的松辽平原,相继到达萨尔图地区,云集在一望无际的百里荒原。

1960年3月,各路会战队伍齐聚萨尔图

1960年4月29日,会战领导小组组织召开了石油大会战誓师大会,成千上万的石油职工以及各个方面的代表齐聚会场。余秋里作了大会战的动员报告,康世恩宣布石油大会战第一战役从5月1日正式开始,并下达了作战任务,大庆石油大会战正式开始。

1960年4月29日,石油大会战誓师大会召开

会战职工生活环境艰苦

大雨中"人拉肩扛"

这场石油大会战面临的条件十分艰苦。当时正赶上"三年困难时期",国家极度困难。同时西方国家对我国实行经济封锁,苏联撕毁合同,撤走专家,经济建设孤立无援。1960年三四月份,几万会战大军在很短的时间里,一下子涌到萨尔图地区,这里只有几处牧场、几百户人家,队伍的衣食住行都极度困难。住的方面,一无房屋,二无床铺,有的寄住在牧场的牛棚马圈里,有的借住在老百姓腾出的房子里,有的挤在自己修的地窨子、马架子里,甚至有的几十个人一起,地上铺草,用篷布盖在身上睡觉;吃的方面,少粮缺菜,连锅灶、炊具都不够,不少职工用头戴的铝盔盛饭,用脸盆熬汤,用铁锹烙饼;生产方面,设备不配套,汽车、吊车严重不足,公路不通,电话不灵。面对这些困难,如果队伍没有一个严密的组织、严明的纪律,会战就很难搞起来、打上去。

这场石油大会战所处的环境非常恶劣。1960年大庆地区正赶上40年不遇的连绵降雨。很多人没有雨衣雨鞋,只能光着脚站在泥水中劳动。衣服晾不干,整天黏糊糊地粘在身上。

虽然有帐篷、活动板房、牛棚马圈可以住，但四处漏雨。床和被子漏湿了，拧也拧不干，睡不能睡，坐不能坐，有的人干脆就挤在一起，几个人合顶一块雨布，坐着睡一宿。第二天醒来时，地面上的积水把脸盆、鞋子都飘走了。雨季给生产带来更大的困难，许多工地和井场都被泡在水塘中。土路经过车碾人踩、大雨冲刷，成了烂泥塘，车辆寸步难行。由于交通隔绝，生活用品运送不上去，器材设备运送不上去，支援队伍运送不上去，甚至连音讯都断绝了。

大庆地处高寒地区，一年中有半年是冬天，当年最低温度接近零下40摄氏度，滴水成冰。工人们在井上施工，泥水浇在身上，很快冻成一层冰铠甲，走动之前，先要别人用棒子敲一敲。就当时的居住条件，仅靠简陋的板房、帐篷和四处漏风的牛棚、马厩，无论如何是不能过冬的。

任凭零下四十度，石油工人无冬天

不仅如此，大会战正赶上三年困难时期，连最基本的吃饭问题都无法解决。随着会战逐步推进，工作量越来越大，但粮食供应却越来越少，最严重的时候"五两保三餐"，从事重体力劳动的职工一天只有五两粮食。有的职工饿得难受，就用自己微薄的工资或者变卖手表、衣

"五两保三餐"

服、被子去换点土豆、甜菜等充饥；有的职工饿急了，跑到冰天雪地里捡老百姓秋收后的白菜帮子、甜菜叶子、冻土豆来吃；有的职工饿得实在不行了，就喝点盐水，喝口酱油汤。由于长期缺乏营养，高峰时有4000多人得了浮肿病，占会战职工人数的十分之一。余秋里去医院，看到病房里躺满了得浮肿病的职工，他握着一名职工的手，发现是软软的，轻轻按了一下，塌下的地方半天都弹不起来。看到这些，余秋里再也忍不住泪水，不停地对大家说："同志们，会好的！会好的！"

在物资极度匮乏、环境极其恶劣的条件下，会战队伍如果没有坚强的意志、顽强的作风，这场会战就可能败下阵来。广大会战职工没有被艰难困苦所吓倒，没有在困难面前低头退缩。面对雨季，他们坚定地喊出：不管雨多大，哪怕天上下刀子，会战也不能停。大家抢晴天、战阴天，一心为会战。1960年6月1日，大会战正式开始后一个月，大庆油田生产的第一列车原油就冲破雨幕，汇入了我国石油工业的大动脉。

面对严寒,会战领导研究决定:这次会战只许上,不许下!只许前进,不许后退!会战职工豪迈地喊出"任凭零下四十度,石油工人无冬天"的口号。他们学习当地居民住的一种叫作"干打垒"土房子的盖法,迅速掀起了建"干打垒"的热潮,打响了过冬突击战。上至部长,下至工人,男女老少齐上阵。经过120天的日夜奋战,全油田完成了30万平方米的"干打垒",当年实现了"人进屋、机进房、菜进窖、车进库"的目标。当时建造30万平方米"干打垒"只投资了900万元,如果建成砖瓦结构的房屋,大约需要6000万元,在1960年国家经济建设最困难的时期,为国家节省了5000多万元的资金。1960年12月10日,大庆的气温下降到零下30多摄氏度,当天原油产量却达到了7219吨,在冬季创造了石油会战以来原油日产量最高纪录。

艰苦的自然条件是一方面,当时所处的历史环境也是一个极为不利的客观因素。1958年的"大跃进"使高指标、浮夸风、主观蛮干、违背科学的现象滋长蔓延,石油勘探开发也经历了许多重大失误和挫折。

会战职工集中力量建设"干打垒"

玉门油田开采时有人提出"人有多大胆，井有多高产"，不顾客观规律，大放"高产卫星"，甚至拔下油嘴放油，造成大量油井停喷，油田产量急剧下降。四川石油勘探在三个构造上同时打出了石油，就以为找到了大油田，组织了川中会战，队伍上去打了200多口井，还是形不成产能，从而导致了失败的结果。能不能探明大庆油田的地质情况，正确地认识油田；能不能根据油田的客观实际，制定出科学的开发方案；能不能掌握油田生产的客观规律，成功地开发和建设油田，对会战领导和全体职工都是严峻的考验。因此，如果没有科学严谨的态度，不实事求是尊重客观规律，大会战都不可能取得成功。

"三老四严"正是在这样的情况下应运而生的。可以说，它是当时石油大会战的形势所迫、困难所逼、开发所需。

（三）"三老四严"形成的思想基础

1959年，周恩来在听取石油工业部关于准备石油大会战的汇报时，就预见到会战将要面临巨大的困难，必定是一场硬仗、恶战，并深刻地指出，要用毛泽东思想指导大会战，用辩证唯物主义的立场、观点、方法，分析、解决会战中可能遇到的各种问题。

通过分析会战形势、任务和矛盾，会战工委认识到，会战所面临的矛盾和困难，既有主观上的，也有客观上的；既有物质上的，也有技术上的。在这些矛盾和困难中，生产、生活条件上的矛盾困难，相对来说是暂时性的，是可以逐步得到解决的；从石油工业长远发展来说，从影响油田命运来说，起决定作用的主要矛盾和最大困难，则是如何搞清油田地下情况，掌握油田客观规律，科学地开发大庆油田。如果这个问题不解决，就是盲干。如果光有干劲，不讲究科学，不做扎扎实实的工作，就是虚干。要在大庆石油会战中避免犯唯心主义的错误，就必须坚持当老实人、说老实话、做老实事，以老老实实的态度抓好油田勘探开发。

"三老四严"的产生·第一章

　　1960年4月，会战工委作出的第一个决定就是《关于学习毛泽东同志所著的〈实践论〉和〈矛盾论〉的决定》，提出用马列主义的理论武器，指导油田开发建设实践，反对和克服教条主义。《实践论》阐述了以实践为基础的马克思主义认识论的基本原理。《矛盾论》是毛泽东从认识方法、实践方法的角度，揭示如何做到理论联系实际，实事求是，阐述了以认识矛盾、把握矛盾、解决矛盾为中心的科学方法论。这两部著作是马克思主义与中国实际的具体结合。

　　"两论"起家是在党的正确思想路线指导下产生的。"两论"起家的实践就是不断解放思想、实事求是的过程。余秋里反复强调："通过学习，要在会战中树立地质工作的科学态度，重视调查研究，一切地质结论都要建立在事实的基础上，只有掌握了准确的第一手资料，才能产生正确的认识，做出符合客观实际的判断。"学习"两论"的决定，得到了广大职工的拥护，全战区立即掀起学习"两论"的热潮。《实践论》《矛盾论》基本上人手一册，人人学、人人议、人人用，许多职工

篝火学"两论"

把"两论"单行本带在身边或放在枕头下,有时间就读上一段。钻台旁、工地上、车间和宿舍里,到处都能看到干部、工人学"两论"的场面。到了夜间,人们围着篝火学习"两论",整个会战现场出现了"青天一顶星星亮,草原一片篝火红;人人手里捧毛选,'两论'学习方向明"的动人画面。几万名职工认真学习"两论",努力掌握马克思主义哲学这一认识世界、改造世界的强大思想武器,努力清除唯心论和形而上学的思想影响,逐步地认识到大庆油田的具体实际和油田开发建设的规律,勇敢地向困难挑战,向难关进击。

通过学习"两论",确立了重视实践的行动导向,形成了科学的思想方法。会战职工结合实际,学习和讨论了"没有调查,就没有发言权""具体问题具体分析""知识的问题是一个科学问题,来不得半点的虚伪和骄傲,决定地需要的倒是其反面——诚实和谦逊的态度"等毛泽东思想中的重要论述,树立了"实践第一"和科学求实的观念,明确了面对矛盾和困难,要靠自己,靠实践,不能坐而论道,要去实干。任何

会战职工通过学习"两论"解决实际问题

工作都要一切经过试验，一切经过实践；干工作必须符合事物的发展规律，都要把实践作为认识和判断油田开发建设思路和方案正确与否的标准，在工作中坚持事事诚实、时时诚实、人人诚实。会战职工面对当时复杂的地下情况，大搞调查研究，狠抓第一手资料，认识油田地下，掌握客观规律，找出科学的开发方法；勇于实践和创造，在探索中去解决问题，形成了说实话，讲实干，重实效，一切唯实，反对浮夸和虚假作风的局面。

通过学习"两论"，确立了在理论指导下辩证分析的思维方式，养成了科学的工作作风。广大会战职工在实践中深刻领会毛泽东关于"要去观察和分析各种事物的矛盾运动，并根据这种分析，指出解决矛盾的方法""事物的性质主要地是由取得支配地位的矛盾的主要方面所规定的"等重要论述。无论思想困惑、工作困难还是科学技术的盲区，都用《矛盾论》的哲学思想和观点去解剖，找到解决问题的办法。大家都说："千矛盾，万矛盾，国家缺油是最主要的矛盾。这困难，那困难，我们生产的石油太少，满足不了国家的需要，是压倒一切的困难。"通过依靠"两论"，石油大会战中的无数难题都得到解决，会战职工本身也在实践中经受锻炼，积累经验，乃至形成整个队伍的优良作风。

"两论"起家的实践就是坚持党一贯倡导的相信群众、依靠群众的路线。"两论"为会战职工提供了认识世界、改造世界的观点和方法。会战领导小组成员和各级干部明确了要相信和依靠会战职工的积极性和创造力，坚持群众路线，重视搞调查研究，改进领导方法；学会用辩证唯物主义和历史唯物主义为思想武器，克服机械论和形而上学，打破"贫油论"和"油田开发不可知论"的束缚，坚持实事求是，勇于探索中国石油工业的发展道路。

学习"两论"在当时是一次思想大解放，解决了会战工作中的一系列问题。正是因为在当时的条件下，整个会战队伍坚持以"两论"为武器，统一了思想和意志，认清工作的主要矛盾，提出行之有效的解决办

法；尊重客观规律，充分发挥主观能动性，不断提高科学认识论的水平和科学方法论的能力，奠定了艰苦创业的实践根基，也为"三老四严"的产生奠定了思想基础。

"三老四严"优良作风得益于《实践论》《矛盾论》在会战实践中的理论指引，是会战时期运用"两论"武器总结形成的宝贵精神财富，是应用"两论"思想和观点指导工作实践，分析解决问题的产物。正是因为有了"两论"起家的基本功，才使得会战职工不断以科学的思想方法和科学的工作作风创新于实践，取胜于实践。

（四）"三老四严"形成的队伍根基

会战，队伍是根本。艰苦卓绝的石油大会战，没有一支能够应对艰难困苦的石油队伍是不行的。截至1960年4月，参加石油会战的人员达40000多人，其中各类工程技术干部1000多人，石油工人骨干力量和干部近10000人，主体人员是沈阳部队、南京部队和济南部队当年退伍的30000名解放军战士和3000名转业军官，转业官兵中有不少是党员、团员，有的还参加过抗美援朝战争。国务院各部门和黑龙江省支援石油会战的干部和工人，都是各路的精兵强将，有较高的思想境界和过硬的严实作风。从全国各油田和探区大量抽调的都是石油战线的骨干力量和优秀人员，其中包括全国闻名的1202和1205等标杆钻井队、石油院校的师生等，他们有的具有扎实的专业知识，有的具有丰富的生产建设经验。这样一支石油会战大军就此诞生。

新中国石油工业的发展历程同中国人民解放军有着血缘般的亲密关系。第一任石油工业部部长李聚奎、"独臂将军"余秋里等石油工业部领导都是军人出身。康世恩曾提到："全国各个油田的勘探、开发和建设，石油工业的历次重要会战以及新油区的开辟，都有石油师人和以后陆续从部队复员、转业的干部战士辛勤的汗水和创造性的劳动，更重要的是他们把党的优良传统、解放军的革命精神和高尚品质，带到石油队

会战队伍以转业军人为基础

伍中来,为建设一支艰苦创业的石油队伍,打下了基础。"军队的管理模式、解放军的价值观均对当时会战队伍的思想观念起到重要的塑造作用。从责任使命来看,解放军具有为国分忧的强烈使命感和责任感。从执行力来看,解放军有着敢打硬仗、勇敢无畏的顽强精神。

这些转业官兵在部队大熔炉里经过长期的教育和艰苦的磨炼,组织观念、纪律观念和服从观念都非常强。由这些转业官兵领导、组织和参加大庆石油会战,把党和人民军队的优良传统和革命精神带到了大庆,把严明组织纪律性、高度献身精神和艰苦奋斗的作风,带进了大庆油田职工队伍中,把中国军队文化的高度统一性、内在约束性和超强整合性融入企业管理中。

他们来不及脱下军装,就投入紧张的钻井、采油、基建等各条战线中。他们满怀着找到大油田的雄心壮志,保持战争时期那股劲,战酷暑、斗严寒,风餐露宿,以干为荣、以苦为乐,能打硬仗,勇挑重担,从不退缩。哪里最艰苦、最困难,他们就出现在哪里,任何艰难困苦都不叫苦、顶得住。所以说,会战队伍是一支带有人民军队精神与特质的队伍。

会战队伍有严明的组织纪律,有不甘人后的勇气决心。1960 年,

在会战第一次政工会议上,石油工业部机关党委高度赞扬了广大会战职工发挥艰苦奋斗,坚持"三要十不"的革命精神,即要甩掉我国石油落后的帽子,要高速度、高水平地拿下大油田,要赶超世界先进水平,为国争光;不怕苦,不怕死,不为名,不为利,不讲工作条件好坏,不讲工作时间长短,不讲报酬多少,不分职务高低,不分分内分外,不分前线后方,一心为会战的胜利。这种精神体现了石油会战职工为国争光的爱国主义精神和勇攀高峰的进取意识,反映了无私奉献的崇高品格和艰苦奋斗的创业精神。战区第一次政工会,也为石油大会战确立了正确的政治方向,打下了坚实的思想基础。

会战队伍有攻坚克难的意志,有敢打敢拼的作风。在大庆油田开发初期,石油科技人员和石油工人攻坚克难,不断向困难发起挑战。1960年,连续雨天遍地积水,处处泥泞,石油工人踏着没膝泥泞,坚持施工。司机开动脑筋,创造条件,运用"汽车轮胎穿铁鞋"的办法,解决了在泥泞路上行驶困难的问题,保证石油会战在雨季不停顿的运行;群策群力解难题,创造了多种多样的油井和井排保温土方法,因陋就简地解决了油井和输油管线的保温问题;因为没有住房,人人动手挖土盖"干打垒",解决了几万人的过冬问题。面临艰苦工作环境和艰巨任务的挑战,会战职工不仅工作质量好、速度快,解决了一个又一个难题,队伍也得到了锻炼,整体素质得到了提升。

会战大军的奋斗精神体现在强烈的责任意识、忘我的工作态度、顽强拼搏的作风、练就过硬技术本领、创造骄人业绩上,在火热的生产实践中,逐渐形成了队伍优良的作风。

(五)"三老四严"形成的实践条件

在大庆石油会战中,会战工委一直十分注重队伍的作风建设,把培养、提倡一个好的作风,作为职工队伍建设的一项重要内容,列入常规议事日程。

当时的数万名会战大军来自四面八方,有着不同的人生经历、工作经验和知识积累,虽然有敢挑重担、攻坚啃硬的壮志豪情和冲天干劲,但也带来了不同的旧习惯和坏毛病。怎样管理好油田,理顺各种工艺流程,并在短时间内成为一个科学规范的有机整体,促进油田生产的高效运行,可以说是一个巨大的挑战。

会战工委召开党员干部大会

会战领导在总结工作中曾提到,一些会战职工在思想和作风上,还保留着"大跃进"留下的浮夸风,工作做得不细,造成了工作中的失误。在某些领导干部中存在着"一粗、二松、三不狠"的毛病,在某些技术干部中存在着"粗估、冒算、大平均"的毛病,在某些工人中存在"马虎、凑合、不在乎"的毛病。主要表现为工作不细,粗糙简单,经不起分析检查,经不起连问几个为什么;办事拖拉,抓得不深,抓得不紧,抓得不狠;工作不认真,大而化之,放任自流得过且过;不调查,不研究,不分析,粗估冒算,满足于平均数字和表面现象;工作有布置无检查,不善于总结经验教训,做好了说不出道理,做不好也道不明原因。生产建设上出现了很多问题,诸如工程质量不好,造成返工或留下后患;资料取得不全不准,影响对地下油层情况的正确认识;工作计

划不周,组织松散,事故频繁,完不成计划任务以及许多应该做好的事情没有做好等,往往都与此有关。如果这种思想不解决,不树立起好作风,就不能搞好会战,就不能建设好油田。

第一次勘探开发特大油田,既无现成模式可搬,又无成功经验可学,一切都要从头摸索。会战一开始,会战工委就提出,过去的不好作风一定要坚决克服,必须树立适应会战需要的新作风。《石油工业部关于大庆石油会战情况的报告》中曾指出:"一个好作风的实质,就是把革命精神和扎扎实实的工作态度具体化,成为人们日常行动的准则。"余秋里和石油工业部党组同志几乎是逢会必讲作风,安排工作必讲作风,把提高思想认识,改进作风,作为做好工作、完成任务的重要保证。

在1961年初召开的石油工业部局厂领导干部会议上,余秋里用较多的篇幅集中地讲了作风问题,他说道:"我们到底要树立什么样的作风呢?要树立一个高度负责,严肃认真,勇于实践,勇于革命,实事求是,联系群众,扎扎实实,刻苦顽强,能打硬仗,苦干实干的作风。我们搞油的队伍,工种多,工艺过程复杂,科学性强,材料很多,没有一个好的作风,做出的事情就不可靠。"在此之前召开的党组会议上,余秋里曾根据大庆和其他石油企业的情况,提出应该提倡严肃认真、一丝不苟的作风,坚决顽强、不怕困难的作风,老老实实、埋头苦干的作风,雷厉风行、说干就干的作风,艰苦朴素、谦虚谨慎的作风。并且特别强调,在勘探开发中,要从油田地下情况出发,尊重科学,尊重客观规律,情况必须搞清楚,说话必须有依据;做出的事要让人放心,工程质量要搞好,敢于拍胸脯,负责一辈子;工作不干则已,干就干好,干不好就吃不好饭、睡不好觉,质量不好坚决"推倒重来"。

1961年5月,余秋里在全战区干部大会上,讲到作风问题时说道:"工作作风是看不见的东西,但它是客观存在的,能产生长久的作用和深远的影响。工作扎实、紧张、严格、认真是一种作风；马马虎虎、松松垮垮、随随便便、稀稀拉拉、拖拖沓沓又是一种作风。两种作风产生两种不同的工作效果，养成好作风的根本原因在于干部的政治觉悟和表率作用。好作风的养成要靠教育和严格要求，但严格要求不等于简单粗暴，是要讲道理和以理服人。我们要提倡以普通劳动者的态度平等待人，反对老爷架子。要养成说干就干，雷厉风行，实事求是，严肃认真的作风。"

就这样，会战工委始终抓住作风建设"牛鼻子"不松劲，看到作风有一点儿不好，就及时教育纠正，使好作风在人们心里扎下根；看到工作中有发扬好作风的职工，就表扬提倡，加大宣传力度。干部的一言一行，对群众的影响最直接、最具体，干部有什么样的作风，群众就会有什么样的作风。会战工委同时注重发挥干部的带头作用，用率先垂范做出表率，一级做给一级看，一级带着一级干，用干部的一言一行影响身边职工。工作中如果出了问题，领导主动检查、承担责任，同职工一起自觉纠正，克服老毛病，树立好作风，坚持从日常的、大量的、细小的问题抓起，"小"中见大，因势利导，集中力量解决突出问题。全战区上下事事讲作风、时时讲作风、人人讲作风，为之后"三老四严"的形成创造了条件。

二、"三老四严"发源地——中四采油队

大庆油田第一采油厂第三油矿中四采油队（简称中四队）的前身是中区综合四队。1960年建队之初，全队只有一间破旧的磨坊作队部。为了尽快开井夺油，职工们白天揣着野菜团子，吃在井上干在井上，晚上围着篝火学"两论"。为了在艰苦条件下尽快拿下大油田，中区综合四队党支部提出"四不一为"的

中四队宣传片

"三老四严"的由来：
刮蜡片

中四采油队原址

辛玉和"放大镜照钢丝"

号召，即不为名、不为利、不怕苦、不怕死，一心为会战。大家豪迈地喊出"天塌我们顶，地陷我们填，钢铁意志英雄胆，不创标杆非好汉"的钢铁誓言，创出仅用三天时间打出一口"五好井"的全新纪录。经过全队职工的艰苦努力，建队当年就被会战领导小组命名为"钢铁采油队"，1961年又被授予政治思想好、完成任务好、技术训练好、集体作风好、生活管理好的"五好标兵采油队"荣誉称号。

1962年，随着油田开发建设的深入，萨尔图油田中区西部许多油井相继建成投产，中区综合四队被分成了三个队。老队长辛玉和与12名工人被分到新区，组建了三矿四队，就是现在的中四采油队。辛玉和队长带领12名同志抬着两块旧床板，带着一把磨好的菜刀奔赴新区，大家临走时激动地说："钢铁四队的红旗留下，好作风我们带走。"

当时新区井场上的钻机有的还没撤走，井场高低不平，杂草丛生，油污遍地。面对困难，辛玉和队长带领职工下定决心：一切为了抓好工作，一切为了搞好生产，一切为了争第一，一切为了创"五好"，争分夺秒抢投新井。经过两个月的日夜苦干，12口油井相继投产。

形成"三老四严"的工作作风起源于一件看似平常的小事。就在新井投产的当天，辛玉和到西六排二井区检查，中途发现队里新来的徒工小孙手里拎着一个崭新的刮蜡片急匆匆地要去上井。当时，辛玉和就纳闷，小孙的刮蜡片刚领了没几天，怎么这么快就坏了？为了弄清楚原因，他返身走回材料库，找到正在当班的材料员了解情况。原来小孙早晨清蜡后没有仔细检查，就关闭了清蜡阀门，把刮蜡片给挤扁了，就自作主张去领了一个新刮蜡片，还让材料员帮他保密。辛玉和走出库房，思绪起伏，认为这不单纯是一个刮蜡片的问题。今天小孙隐瞒事故，说明采油工在井场单独值班，如果没有一个老老实实的工作态度，决不能管好油井。"小洞不补，大洞尺五"，这件事不抓肯定不行，不狠抓也等于不抓。辛玉和想起这段时间，自己只忙着抓新井投产，放松了抓职工的思想作风建设，问题出在小孙井上，根子还在自己身上。于是，他加快步伐，赶往井场，决定找小孙认真地谈谈。他对小孙说："小孙啊，要想干好工作，没有老实态度是不行的，对任何事情，丁是丁，卯是卯，对就是对，错就是错，对待革命事业要忠诚老实，说老实话。"一番话说得小孙低下了头，含着泪说出了事情的经过，承认了错误。

中四队召开"事故分析现场会"

　　为了利用这件事教育全队职工，党支部决心从小事做起，严抓工作作风，第二天就在小孙管的那口井上，召开了"事故分析现场会"，用这件事来教育全队的职工。会上，指导员李忠和重点讲了事故原因及对待事故的态度问题，他说："采油工人的工作特点是单兵作战，没有老老实实的态度、严格的要求，是管不好油井的。"听了大家的发言，小孙坐不住了，激动地表示，要求把这个变了形的刮蜡片，挂在自己管的那口油井上，时刻对照，不忘这次教训。辛玉和也激动地表示道："干部是带队伍的人，我们怎么带，队伍就怎么走。我们不能严格要求自己和别人，队伍就不可能具有高度的革命自觉性。事故出自小孙，可根子在我身上，我这个队长只埋头抓生产，放松了职工的思想工作。"看到这样的情景，全队职工一致表示要把这个刮蜡片挂在队部里，让全队的人天天看到、时时想到。大家还自觉提出，今后要当老实人，说老实话，做老实事，严格要求自己，对每件事都要有一种严肃认真的态度，这样才能管好油井。

雪夜巡井

　　为了巩固和提高这种认识，在队党支部的带领下，全队开展了"当老实人，说老实话，做老实事，严格要求，严明纪律"的"三老两严"活动，党支部还定出了"干部上岗，工人监督，要求工人做到干部首先要做到"的制度。就这样,严细认真干工作在全队形成了好风气。干部带头,工人自觉,人人从严,法兰不能缺一颗螺丝,阀门不能有一丝渗漏,报表不能有一处涂改,涌现出一颗螺丝保住一口井、从一滴油珠找到一个渗漏等感人肺腑的事迹。

中四队开展"三老两严"活动、严细成风的事迹上报到石油工业部,余秋里听了非常高兴。他认为这个队抓作风抓到了根本上,但总结的还不够全面,应当对"三老两严"加以完善。就召集相关人召开专门会议,组织大家讨论。经过讨论,大家认为,"三老"是没问题了,但"两严"还不全面,还应该加一个表明个人劳动态度的"严肃的态度"和领导组织工作要求的"严密的组织",完善为"三老四严"。

"三老四严"的提法,最早出现于1962年,到1963年就形成了完整的表述。1963年9月12日,战区召开工作会议,对会战以来加强基层建设、培养队伍作风的经验进行了总结,标志着"三老四严"优良作风正式形成。同年10月9日,《战报》刊登了《中华人民共和国石油工业部工作条例》,对"三老四严"的内容进行了具体阐述,并要求在全国石油系统贯彻执行。

1964年2月24日,会战工委作出"关于开展向采油三矿四队学习的决定",决定中提到:"三矿四队是基层建设、基础工作做得比较好的典范。他们的基本特点是,狠抓了人的思想革命化的工作,不断用高标准要求自己,严细成风;领导干部能事事以身作则;岗位练兵精益求精;有一个坚强的领导班子,全队职工团结互助成风。做到了安全生产、井井五好、泵站五好、台台设备五好、岗位全部一类。"1964年2月26日,战区召开了向三矿四队学习的现场会,会战工委领导把全队职工迎到主席台上,给他们披红戴花。三矿党委书记李玉生首先介绍了四队的概况和基本经验,四队指导员李忠和代表全队在现场会上表示,要戒骄戒躁,永远前进。会战工委领导在大会总结时,号召大家一定要把三矿四队"三老四严"作风,在全战区普遍发扬光大。全战区立即掀

起了学四队、赶四队、超四队的群众性活动。

会战副总指挥张文彬为了总结和宣传三矿四队这个典型，发动了二号院机关、《战报》的编辑记者，深入井场、工地，下大力气，下苦功夫，白天黑夜连轴转地采访。通过组织工人座谈，和队干部一起交流总结，收集了上百个生动感人的故事，然后彻夜讨论，悟出主线，理出思路，找出典型经验的核心，并反复推敲，总结出这个队的主要经验：一是严，二是细。这是四队把复杂、艰难、头绪繁多的日常工作搞得有条理、无差错、上水平的关键。张文彬和记者们一道，写出了《高度觉悟、严细成风》的长篇通讯，写出了《向采油三矿四队学什么？》的长篇社论。

仅半个月，有关三矿四队的经验、言论和向三矿四队学习的报道就有148篇。据当时统计，各单位组织和自发到四队学习的人数达到6000多人，直接听取四队经验介绍的有4896人。同时，来自全国各地的党、政、军和企业的领导同志1609人到四队参观考察。"三老四严"优良作风走向了全国。

员工认真检查设备运行状况

面对荣誉，四队人戒骄戒躁，坚持"两分法"前进，学先进、找差距，下大力气解决影响生产管理的疑难问题。刚开始，有的同志认为找差距会否定成绩，还有的同志认为找差距是和自己过不去。经过反复学习、讨论，逐渐形成统一认识，要对照高标准、严要求，翻箱倒柜大找差距。在不到十天的时间里，从政治思想、生产管理、生活后勤等方面共查找出大大小小的问题1300多个。大家都说："成绩不说跑不了，缺点不找不得了！"找差距找出了目标，找出了干劲儿，干部职工以更高的标准干好工作。当年23岁的胡法莲是四队女子井组的第一任井长，所管的一口井产气多，出油少，压力下降快，大家都叫它"气老虎"。为了制服这只"气老虎"，胡法莲带领9名姐妹连续工作七天七夜，通过反复对比试验，确定了最适合的油嘴，稳定了产量和压力，保证了这口井的长期连续稳定高产。胡法莲被会战工委授予"五好"标兵荣誉称号。一时间，全队干部职工向身边劳模学习蔚然成风。四队人用行动践行"三老四严"作风，使之成为育人铸魂、干好工作、提升队伍的传家宝。

1964年6月，石油工业部在第一次政治工作会议上，授予中四队"高度觉悟、严细成风"锦旗，这是全国采油战线的第一面红旗。1965年和1966年，石油工业部又分别授予中四队"团结的核心、战斗的堡垒""五好红旗单位标兵"锦旗。三面锦旗反映了四队人艰苦奋斗的历程，体现了四队人"三老四严"的优良作风，激励四队人不断进取、勇攀高峰。

历史车轮滚滚向前，中四队在不同阶段都取得了优异的成绩，"三老四严"好传统一直薪火不断、代代相传。

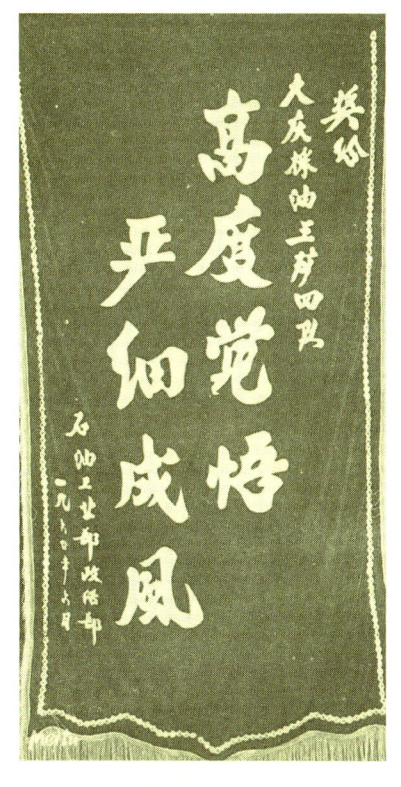

中四队被授予"高度觉悟、严细成风"锦旗

第二章
"三老四严"的内涵

"三老四严"是党的优良传统作风同大庆石油会战实践相结合的产物,也是广大会战职工对党对人民对事业极端负责的集中彰显,它体现的是诚实守信、求真务实、严细认真的工作态度。作为大庆精神的重要组成部分,"三老四严"在油田开发建设史上发挥了重要作用。

一、"三老四严"的具体内容

"三老四严"经过会战时期的培养和实际工作的磨炼,在当时几万人的职工队伍中形成了风气。它增强了队伍的组织性和纪律性,生产中的主动性和科学性,执行制度的自觉性和严肃性,起到了单靠领导工作和生产管理制度不能完全起到的作用。

1963年,"三老四严"作风写进了《中华人民共和国石油工业部工作条例》。其主要内容和具体要求是:

(1)当老实人:鼓足干劲,艰苦奋斗,不图安逸,不怕困难;埋头苦干,少说多做,一切从实际出发,尊重科学;有全局观点,向上级要东西不能越多越好,交东西不能越少越好,不闹分散主义;有团结协作精神,不能只图自己方便,不顾别人困难;对同志讲原则,以诚相见,有意见当面提,不当面一套、背后一套,不耍手段。

(2)说老实话:向上反映情况,向下作报告,必须有什么说什么,有多少说多少,不夸大成绩,不缩小缺点,不隐蔽错误,更不能封锁消息、报喜不报忧、夸夸其谈、哗众取宠；凡做计划、要投资、要材料、要人员、做统计报表以及对上报告，都必须实事求是，是多少要多少，坚决反对弄虚作假，宽打窄用，打埋伏，藏一手。

（3）做老实事：必须提倡调查研究，实事求是，做"笨事"，做"傻事"；工作要越做越细，不怕麻烦，认真负责，讲求实效；要一件事一件事，一个问题一个问题，一点一滴去干，搞个水落石出；不做表面花花哨哨、内容空空洞洞的事，反对粗枝大叶，马马虎虎，道听途说，指手画脚的坏作风。

（4）严格的要求：一切行动都要严格按党的政策和上级指示办事，各个方面的工作都要有严格的标准，要做就要做彻底，绝不允许凑合、应付。产品质量不合国家规格，坚决不出厂；工程质量没有达到设计要求，坚决返工重来；设备检修质量不合格，坚决不许开动。

（5）严密的组织：在生产、建设的各个环节、每个岗位上，必须做到人人职责分明，事事都有人管；各个环节、各个岗位都要紧密协同配合，使上下左右都工作、生活在严密的组织之中。坚决反对责任不明、无人负责和互不协作的混乱现象，绝不允许自由散漫，各行其是，自搞一套。

（6）严肃的态度：对党和国家的方针政策、上级指示，要做到严肃认真，雷厉风行，说干就干，干就干好，要抓紧、抓狠，一抓到底，反对那种囫囵吞枣、拖拖拉拉，疲疲沓沓的坏习气；对人对事必须坚持原则，划清正确与错误的界限，分清责任，自己有错误，必须诚恳进行自我批评，坚决改正；一切正确的东西，都要支持，一切错误的东西，都要及时批评纠正，发扬正气，批判歪风邪气，不能是非不分，马虎迁就。

（7）严明的纪律：在生产、建设各项工作中，必须实现集中统一领导，严格遵守各种规章制度、工艺纪律和劳动组织。凡是遵守制度、积极工作的，就要表扬鼓励；违反制度的，就应按照不同情况及时严肃处理，不能迁就姑息；在执行纪律时，应坚持原则，以说服教育为主，防止惩办主义。

中四队职工在设备前进行技能传授

"三老四严"作风提出后,经过群众性实践,逐渐深入人心,形成了职工群众的自觉行动。大庆职工和整个石油队伍的作风,有了进一步的改进,达到了一个新的水平。在1964年初召开的石油工业部局厂领导干部会议上,余秋里专门讲了作风问题。根据大庆职工树立"三老四严"作风的情况和经验,他提出:"从这几年的实际工作中,我们感到'三老四严''四个一样'的作风,最核心的问题,在工作中带有普遍性的问题,就是要在一切工作中抓得严,抓得细,抓得准,抓得狠。否则,好作风就不能形成。"同时,余秋里还对"严""细""准""狠"又做了深入的阐述。

"严"。就是按照"四严"的要求,在一切工作上,不马虎,不凑合,严格要求;做事认真,干就干得漂亮,决不凑合应付;对工作卡得非常紧,一点儿也不迁就,遇到问题毫不含糊,不让它滑过去;一切工作都要有一个高标准,不"降格以求",不满足已经达到的水平,有了差错,决不原谅自己。

"细"。就是工作抓得细，做到精雕细刻，像绘画、绣花一样。领导干部考虑一个问题，抓一件工作，都要细，要具体，要周到，肯下苦功夫，不能光讲原则，不能大而化之，不能粗枝大叶。

"准"。就是要问题看得准，工作抓得准。领导要深入前线，深入基层，深入实际，深入群众，做深入细致的调查研究，通过实际试验，取得大量的第一性资料，进行分析、判断，把工作搞深、搞细。这是正确决定问题、正确指挥生产的基础。

"狠"。就是雷厉风行，说干就干，干就干好。对一个问题，一件工作，情况搞清楚了，看准了，就要下定决心，抓紧、抓狠，一抓到底。不要前怕狼、后怕虎，犹豫不定，错过时机。决心一下，就要大刀阔斧地去干，坚决顽强，毫不动摇，不管刮什么"风"，有多大的困难，也要打上去。不能遇到困难就软下来，半途而废，否则就一辈子也干不成事。正确的东西必须坚持到底；有了缺点、错误，要勇于承认，改正要快要彻底。

在这次讲话中余秋里还强调，培养作风，做好工作，要"严"字当头。他提出了14个"严"："人们有了严格要求的作风，就会在工作中形成一种动力。领导严，大家也严，就会出干劲；严，就可以出责任心；严，就可以出战斗力；严，就可以出规格；严，就可以出高标准；严，就可以出好产品；严，就可以出技术；严，就可以出办法；严，就可以出好风气；严，就可以使自由主义、个人主义没有市场；严，就可以把歪风邪气打倒；严，就可以避免错误；严，就可以保证思想上、政治上一致；严，就可以保证团结。讲严，不单是生产工艺上要严，而且在政治思想上也要严，按党的原则办事，按标准办事，按工艺办事。严，不是要瞪眼睛，竖眉毛，是要对问题不马虎，对原则不让步。这里面包含了耐心说服教育与严格要求相结合，包含了经常的、不断的实际教育和思想教育。"

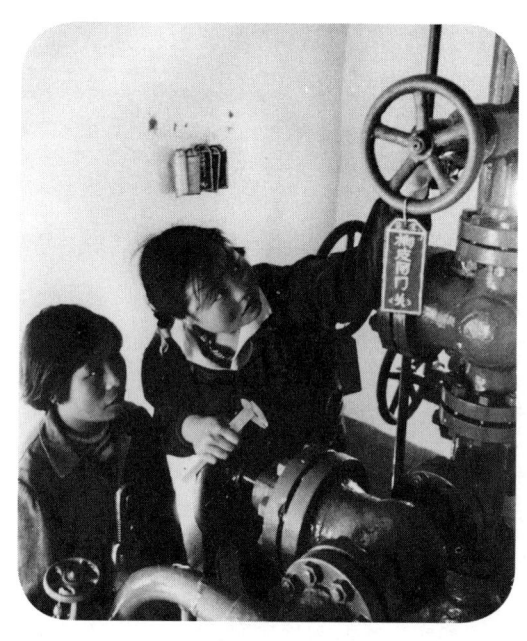
井组工人维护设备

　　1964年初,在《石油工业部关于大庆石油会战情况的报告》中对作风建设作了总结,认为"三老四严""四个一样"一旦形成风气,就会产生巨大的物质力量,队伍就完全变了样子。有了好作风,队伍就会一呼百应,指向哪里,打到哪里。不管做什么事,就能做好,事事都有个样子。有了好作风,就是一个队、一个班组,甚至一个人单独出去执行任务,都能信得过,干出来的事情靠得住,遇到困难,也能顶得住。有了好作风,搞工作就扎扎实实,就不去搞形式主义,各项制度就能贯彻执行,各种任务就能很好地完成。有了好作风,人人都不甘落后,争先恐后,你追我赶,不服输。这种好作风占了优势,即使队伍里有些落后的,也能带起来。有了好作风,队伍的组织性、纪律性就强,工作上就能过得硬。

　　大庆会战和石油工业的实践,形成了"三老四严"优良作风。"三老四严"彰显了石油人严格的自我要求和自觉行动,对提高职工队伍战斗力发挥了巨大作用,有力推动了石油工业的发展。

二、"三老四严"的主要特征

"三老四严"之所以历久弥新、长盛不衰,始终保持旺盛的生命力和时代的先进性,是因为它彰显了辩证唯物主义和历史唯物主义的立场、观点和方法,体现了马克思主义的世界观和方法论,蕴含着丰富而深刻的哲理。

(1)政治性。当老实人,说老实话,做老实事,这是我党一贯要求的。毛泽东说:"老实人,敢讲真话的人,归根到底,于人民事业有利,于自己也不吃亏。爱讲假话的人,一害人民,二害自己,总是吃亏。"邓小平说:"搞石油、搞原材料工业,硬是要干老实事,不能找捷径。"习近平在中央党校2008年春季学期第二批进修班暨师资班开学典礼的重要讲话中指出:"老实做人、做老实人,是共产党员先进性的内在要求,是领导干部'官德'的外在表现,也是我们党的一贯主张。我们所说的'老实人',就是思想务实、生活朴实、作风扎实的人,就是尊重科学、尊重实践、尊重规律的人,就是诚实守信、言行一致、表里如一的人,就是勤勤恳恳工作、努力进取创造、任劳任怨奉献的人。领导干部老老实实做人,既是一种高尚的人生态度,更是一种严谨的道德实践,要从平凡小事做起,在点点滴滴中体现,特别要在对党和人民忠心耿耿、对工作尽职尽责、对群众满怀真情、对成绩谦虚谨慎上下功夫。"这些论述与"三老四严"的精髓高度契合。"三老四严"的核心是"严"和"实","严"体现了工作的高标准,也是对党员干部党性修养的要求;"实"是一种务实的工作态度,也是中国共产党实事求是的思想路线、艰苦奋斗的实干精神的生动体现,与中国共产党人的本色高度一致。这就是"三老四严"的政治基因,展现了"石油工人心向党,坚决听党话跟党走"的初心追求。

(2)时代性。大庆石油人在继承优良传统的同时,不断吸纳新思

想、新观点、新要求，使"三老四严"在油田发展各个时期都发挥了巨大的作用，让优良传统体现出全新的时代价值。老一代石油人在经济极端困难的条件下，凭借严实的作风拿下了大油田。改革开放时代，广大石油人依靠实事求是的态度，实现了油田高产稳产。进入油田发展新时期，新一代石油人大力弘扬以"苦干实干""三老四严"为核心的石油精神，践行"三老四严"，当好标杆旗帜，以更加求真务实的工作态度和严细认真的工作作风，履行好保障国家能源安全的重大使命，做国家最可信赖的骨干力量。"三老四严"永不过时，并随着时间推移，不断与时俱进，被赋予了新的内涵。

破冰取水保开钻

（3）实践性。"三老四严"是大庆石油人在会战实践中形成的优良作风。从大庆会战和石油工业的实践来看，搞天然油，斗争的对象是地下油层，只能通过间接的资料、间接的手段来认识它、改造它，掌握它的规律；地下隐蔽工程多，工种多，工序多，岗位多，生产过程复杂，技术性强；会战中，勘探、开发区域辽阔，几万人上战场，150多个工种协同作战，队伍大都在野外分散流动作业，互相紧密关联，而又往往各自为战。这些特点决定了搞石油特别是搞天然油，更要讲科学性、组织性、自觉性。从大庆石油会战时辛玉和"放大镜照钢丝"、"难忘4·19"王进喜带头填掉不合格的斜井、油建指挥部"五毫米见精神",到新时期"在放大镜下挑毛病"的西水源、"一个漏点也不放过"的星火一次变电所,都是在工作实践中发扬"三老四严"优良传统的具体体现。"三老四严"作为思想和行为上的执行评价准则,规范人们的思想和行为,提高管理能力,成了战胜各种困难的制胜法宝。

（4）传承性。"三老四严"优良作风,不是一声口号树立起来的,是在传承中坚守,在坚守中发展,代代延续,薪火相传。会战伊始,广大干部、工人和技术人员面对一个罕见的特大油田,缺乏开发建设大型油田的经验,在当时毫无国际援助的环境下,能否独立自主地开发建设好油田,是一个严峻挑战。并且几万名职工来自四面八方,上百个工种分散在上千平方千米的油田上,如何管理好油田的生产,也是个大问题。在这样的情况下,坚持"狠抓第一性资料""一切经过试验"的科学态度和"三老四严"的工作作风,适应了大庆油田生产和管理的需要。几十年过去了,"三老四严"已经融入每个石油人的血液里,成为一种性格、一种品质。这些年来,在伊拉克,在苏丹,在所有的海外市场,大庆队伍走到哪里,"三老四严"的作风就带到哪里,大庆队伍的井打到哪里,大庆红旗就树在哪里。

三、"三老四严"的辩证关系

辩证关系是指事物之间、事物内部要素之间以及事物的两重性之间的既对立又统一的关系。从世界观角度看,辩证关系是客观事物存在的状态,从方法论角度看,辩证关系是认识事物的普遍方法,把握辩证关系的关键在于用对立统一的方法看问题,客观、全面地揭示事物矛盾双方的相互关系。要全面深入理解"三老四严"的科学内涵,就要用对立

统一的方法去研究、去认识，客观、全面地分析"三老"和"四严"的内部关联，厘清其精神实质。

（一）"三老四严"优良作风体现了做人与做事的高度统一

做人是做事的前提和基础，做事是做人的结果和表现，做人决定做事，做事反映做人。"三老"讲做人，"四严"讲做事。只有当老实人，才能说老实话，做老实事。没有老老实实、严肃认真的劳动态度和科学严谨的思维方式，就无法组织生产。"三老四严"的提出，明确了做人的信条和工作的标准，体现了党的实事求是的优良传统，符合会战和石油工业现代化生产建设的客观要求。广大会战职工以"为油田负责一辈子"的高度自觉，老老实实做人，踏踏实实做事，诚信做好每一件小事、每一个环节、每一项工作，从而夺取了油田大会战的胜利。

（二）"三老四严"优良作风体现了自律与他律的高度统一

"三老四严"体现了石油工人高度的主人翁责任感和科学求实精神，是高度的思想自觉。同时也体现了干好工作的标准和方法，是严格的制度要求。制度的刚性约束、管理的严格要求要想不折不扣地落实到位，需要依靠职工高度的岗位责任心和严格执行制度的自觉性。油田生产是一个技术密集、多种技术交叉运用的综合体，从钻井、测井、固井、射孔、试油、安装到采油、输油，各个工序衔接，一环扣一环。一个环节出现故障，可能使整个生产过程中断，造成严重的损失。同时，油田生产单元比较分散，经常是在没有领导检查和无人监督的情况下进行的。这些特点都决定了搞石油必须有科学求实的态度和严细认真的工作作风，必须依靠职工高度的责任感和自觉性。"三老四严"的提出，将思想自觉与制度约束有机结合起来，广大会战职工以强烈的主人翁意识落实岗位责任制和各项工作标准，使工作制度得到较好的贯彻与执行，目标任务得到较好的实现和完成。

中四队职工开展集中学习

（三）"三老四严"优良作风体现了个体与整体的高度统一

"三老四严"的形成不是偶然的，它产生于一个基层队，发源于一个具体的"点"，但产生了"面"的辐射效应。"三老四严"进一步强化集体认同的价值观念，把个人和群体在意识上、信念上、情感上统一于一个整体，由个体行为拓展为群体行为，引导广大职工在油田生产经营中认真负责，做到了事事有人管，人人有专责，办事有标准，工作有检查，实现了"集中作战讲质量，分散施工不变样，单人独马自觉严，任务再重不转向"的良好局面。"三老四严"从一种优良传统成为全体石油人普遍的价值取向、职业操守。

（四）"三老四严"优良作风体现了苦干与巧干的高度统一

"苦干"指的是工作精神，"巧干"指的是工作方法。"苦干"反映了乐观进取的精神风貌，强调工作中要不怕吃苦、稳扎稳打。"巧干"强调分析判断、发明创造，在实际工作中发挥聪明才智，达到事半功倍的效果。"三老四严"体现了革命精神与科学态度的结合，在继承党

的苦干、实干、吃苦耐劳优良传统作风的同时，注重巧干、动脑子、讲科学，勇于创新，在大讲革命加拼命的同时，更注重理论指导加科学方法。高度的革命精神、冲天的革命干劲，与严格的科学精神结合在一起，发挥巨大的作用。广大会战职工发扬严细作风，坚持"一切经过试验"，狠抓第一性资料，开辟油田开发试验区，科学研判开发方案，科学制定开发措施，实现了油田科学高效开发。

（五）"三老四严"优良作风体现了主观与客观的高度统一

人是生产力中最基础的执行单元，也是最活跃最有决定性的因素。面对极其艰苦的自然环境，异常繁重的会战任务，前所未有的开发难题，以铁人王进喜为代表的大庆石油人以"宁肯少活二十年，拼命也要拿下大油田"的奉献精神和豪迈誓言，发扬"有条件要上，没条件创造条件也要上"的精神，在客观条件不具备的情况下，最大限度地发挥人的主观能动性。"三老四严"的优良作风培养了一支思想好、技术强、作风硬的铁人式职工队伍，用顽强的意志和严实的作风，改写了新中国石油工业的面貌，谱写了一曲彪炳史册的英雄壮歌。

第三章
"三老四严"的实践

"三老四严"优良作风从形成之日至今,始终作为精神财富在弘扬,作为行为模式在遵循,作为工作标准在执行,作为宝贵经验在传承。它不单单体现了中四采油队的工作作风,更代表着大庆石油人统一的价值观念和价值导向,为助推企业发展注入了强大生机和活力。

一、中四采油队弘扬"三老四严"的生动实践

大庆油田第一采油厂第三油矿中四采油队是"三老四严"优良传统的发源地,成立于1960年3月。截至2019年底,员工总数72人,管理油水井364口、计量间10座、转油站1座,累计生产原油1198.82万吨、天然气7.64亿立方米。建队以来,中四采油队始终继承发扬"三老四严"优良传统,坚持用会战初期政治思想好、完成任务好、集体作风好、技术训练好、生活管理好的"五好"标准建班子、带队伍,强化标杆意识和责任担当,全力打造"三老四严"示范队,实现了建队以来干部无违纪、员工无违规、安全无事故、荣誉无水分的"四无"目标。如今的中四采油队更是大庆油田,乃至整个石油工业战线的一面旗帜。从建队初期,荣获石油工业部"高度觉悟、严细成风""团结的核心、战斗的堡垒""五好红旗单位标兵"三面锦旗,到新时期获得全国工人先锋号、全国青年安全生产示范

中四队介绍

岗,中国石油天然气集团公司基层建设百个标杆单位,大庆油田有限责任公司功勋集体、新时代振兴发展标杆等荣誉,中四队干部员工对精神传统的弘扬发展、对岗位工作的严细认真始终如一,从未改变。

（一）传统教育不断线

中四采油队坚持把继承"三老四严"优良传统作为建队之根、发展之本、育人之魂,培育了一支铁人式队伍。

一是学"三老四严"传统。中四采油队坚持把"三老四严"作为传家宝,创新实行"观听讲谈唱写演展"八字传统教育法,始终坚持"三个不间断",即坚持早会唱队歌不间断,每天唱响集体创作、反映发展历程的队歌《身在四队做传人》,精神饱满开始新一天工作;坚持队史教育不间断,新员工入队第一堂课就是党支部书记讲传统,做到"进四队门,做'三老四严'传人";坚持讲传统故事不间断,利用早会、队务会时间发动大家讲会战传统故

中四队队歌
《身在四队做传人》

"三老四严"传统教育是入队第一课

事，增强员工使命感责任感，使"三老四严"入耳入脑、入言入行，成为全队共同遵循的行为准则，人人自觉做到执行决定从不打折扣，完成任务从不讲条件，汇报工作从不掺水分，反映情况从不说假话。

二是育"三老四严"文化。中四采油队立足高质量发展，确立了"高度觉悟、严细成风"的核心理念，形成"宁要一个真实的数据，不要一个虚假的荣誉""宁掉一斤肉，不舍一两油"等以"三老四严"为核心的文化准则，引导员工把严细作风体现在大量细小、琐碎的日常工作中。队党支部发动员工总结提炼"严字观"，即"思想严，以铸魂；作风严，以修身；纪律严，以正风；制度严，以明规；管理严，以立标；执行严，以求效；监督严，以约束；考核严，以激励"，在"传帮带"的过程中将"严字观"一代代传下去，延续优良作风。建设"三老四严"传统教育室，全方位展示"三老四严"产生、传承和发展历程，充分发挥优良传统在新形势下激励职工工作热情、形成优良工作作风的巨大作用。

三是树"三老四严"品牌。为了在新时期把标杆立得更稳，旗帜举得更高，中四采油队确立了打造"三老四严"示范队的目标，即"三老四严，铸魂蓄力"的文化示范、"稳油控水，高效开发"的开发示范、"精细管理，提质增效"的管理示范、"素质一流，作风过硬"的队伍示范、"科技引领，品质提升"的创新示范，努力使老标杆在新时期焕发新光彩。中四采油队每获得一项新荣誉，每完成一个重大任务，每制定一个新的目标，队党支部都借势开展全员大讨论。面对荣誉，讲清差距不足；面对传统，讲清努力方向；面对形势，讲清工作目标，统一全员思想，凝聚发展合力。

（二）作风传承不走样

中四采油队坚持把"三老四严"作风融入队伍建设的方方面面，保持中四队人扛红旗、站排头、争第一的精神品格。

一是干部带头做"三老四严"的领头雁。中四采油队党支部自我

加压,自我从严,制定新时代干部"六过硬"标准,即信念坚定,政治过硬;管理精通,能力过硬;真抓实干,作风过硬;严于律己,廉洁过硬;密切配合,团结过硬;开拓创新,业绩过硬。推行"三到"措施,即责任到人,年初分解业绩指标,围绕产量任务,制定优于上级下达指标的挑战目标;措施到点,年末干部在总结的基础上,结合承担指标、管理难点,明确下一步工作重点,制定运行保障措施;跟踪到月,每月20日队党支部听取干部汇报,对于未达质量要求的,个人要说清楚、讲明白。队干部自觉发扬传统,人人身体力行,用一言一行做出表率,队班子业绩考核始终保持全矿综合第一。

二是党员模范做"三老四严"的先锋队。进入发展新时代,中四采油队党支部积极落实党的十九大提出的新时代加强基层党组织建设,推动从严治党向基层延伸的要求,充分发挥传统优势,用"三老四严"抓党建。注重发挥党员先锋模范作用,开展"党员先锋指数考核",从党员组织生活、廉洁自律、技能学习、工作岗位、责任区五大方面 32 小

定期召开班子会

项，全维度考核，使党员作用发挥"可评价、可量化、可视化"。设立"党员政治生日台"，引导党员聚焦"四个合格"，即政治合格、执行纪律合格、品德合格、发挥作用合格，践行"一生一世牢记宗旨、一言一行符合身份、一点一滴发挥作用、一心一意树立形象"的党员承诺，做坚定理想信念的"明白人"、严格自我要求的"干净人"、发扬优良传统的"传承人"、创造一流岗位的"带头人"，党员群众满意率始终保持100%。

三是员工自觉做"三老四严"的传承人。开展"忆传统，讲发展，学典型"活动，邀请老领导、老标兵、老会战、老工人"四老"讲传统，激发员工弘扬传统、岗位建功的积极性。注重总结选树标兵模范，建立中四采油队英模墙，开展"出彩四队人"评选活动，深入挖掘干部员工身上发扬的"三老四严"小故事，汇编形成《"三老四严"作风故事集》，用身边事激励身边人。注重发挥"传帮带"作用，实行干部带班组、党员带群众、师傅带徒弟、典型带团队的"四带"要求，培育严细认真、苦干实干的过硬作风。先后在中四采油队工作过的1727人无一人违纪违法。

（三）创新发展不丢根

面对新的发展形势，中四采油队立足高质量发展，将严的标准、实的要求贯穿生产、安全管理全过程，不断创新发展，树立新时代"三老四严"的标杆形象。

一是严细作风抓开发。针对密井网小井距开发调整难度大的情况，始终践行"三老四严，诚信开发"的开发理念，把油田开发放在首要位置，坚持"稳油控水"基本功，用"三老四严"抓开发，实施油田开发"真细优精"四字工作法，即真实资料录取，细致单井分析，优化方案设计，精准测试调整，引导每名员工对待油田开发自觉做到"讲诚信、说实话、不造

密井网小井距开发试验

假",自觉做好每次巡检,真实录取每个数据,规范交好每个班次。中四采油队油水井资料全准率始终保持100%,实现了万次巡检无遗漏,万张报表无涂改,万个数据无差错。

二是严细作风强管理。中四采油队坚持和弘扬岗位责任制,强化规范管理和标准化操作,编制形成《管理手册》《岗位标准化操作手册》;推行生产管理"信息化",利用信息化手段,实现生产数据自动录取、生产报表自动生成;推行现场管理"标准化",持续开展百分井间评比、样板站创建活动;推行生产保障"专业化",机泵、电器、阀门、仪表维修"四不出队";实施生产应急"四巡"过程控制,即员工巡检、友情巡查、区域巡护、定时巡更,使应急管理"无处不在、无时不有"。通过精管每口井,优采每吨油,全队98.6%的井站达到百分井、样板站,油水井一类率达100%、优质率达90%,设备完好率保持100%。创新推行风险辨识"两环五控法",将员工在家中、上班途中、在单位、下班途中、再回到家中作为一个闭环风险管理系统,从行为、操作、管理、设备和环境五个环节进行风险辨识控制,提高全员风险防控能力。截至2019年12月31日,中四采油队安全生产21854天。2011年7月20日,中四采油队在中国石油天然气集团公司安全环保工作会议上做安全经验交流。

精雕细刻严管理

三是严细作风提效益。牢固树立"保质量、提效率、控成本"的思想，一切工作围绕效益转。面对油水井增加的实际，从优化劳动组织着手，探索生产组织"区域化"，打破以往以计量间为单元的传统管理模式，将全队油水井按区域划分，全面负责巡回检查、资料录取、设备维护等工作，进一步解决"过而不巡、近而不巡"的问题，实现多采油、少消耗、增井增站不增人，人均管井数由10口上升至18.1口；实行全要素绩效考核，通过单井量化计分、绩效评价考核，充分调动员工劳动积极性；实行成本全过程控制，将成本费用分解到单井、单站、单台设备，节奖超罚；围绕电、气、水、材料四大项，找准效益提升关键点，深入挖潜，降本增效；深化群众性创新创效，成立由大庆油田有限责任公司技能专家方萍为带头人的创新创效工作室，截至2019年底，共完成技术革新成果106项，解决各类生产难题200余个，累计创效900余万元。

中四采油队被国务院国有资产监督管理委员会授予"中央企业工业文化遗产（石油石化行业）"称号，被中国石油天然气集团有限公司授予"石油精神教育基地"称号，被大庆市人民政府授予"爱国主义教育基地""市级文物保护单位"称号，被大庆油田有限责任公司授予"大庆油田反腐倡廉教育基地"称号。累计接待油田内外、社会各界参观30余万人次。

二、第一采油厂弘扬"三老四严"的生动实践

"三老四严"是第一采油厂的"传家宝"。多年来，厂党委始终把"三老四严"作为"根"和"魂"，用"三老四严"精神定目标、抓开发、强管理、兴人才、促党建、育文化，在艰苦奋斗、砥砺前行中，锤炼了队伍的执行力和战斗力，形成了讲大局、肯奉献、能担当的精神品质，扛红旗、站排头、争一流的进取意识，不畏惧、敢亮剑、打硬仗的顽强斗志，使之成为各个时期企业发展的精神支撑和动力源泉。

（一）用"三老四严"精神定目标

"三老四严"优良作风作为行为模式、工作标准和宝贵经验，为第一采油厂确保高产稳产、推进各个时期的发展构筑强大优势。建厂以来，第一采油厂坚持结合各个历史时期的实际，注重顶层设计，科学确立目标，始终以"三老四严"精神谋发展、定措施、抓落实，不断开创全厂各项工作的新局面。

1.牢记"我为祖国献石油"的神圣使命，统筹规划，保证油田高产稳产

老一辈石油人时时、事事、处处追求"三老四严"，充分体现了高度的主人翁责任感。油田开发建设初期，面对国家急需石油的紧迫形势，第一采油厂发扬"三老四严"精神，主动担起产量重任，把多产油、产好油作为最紧、最重的要务，克服各种不利因素，倾尽全力抓生产。建厂之初就提出了"力争在一个较长的时间内，实现油田稳产、高产，争取较高的最终采收率"的总目标，组织职工认真学习毛泽东同志的《实践论》《矛盾论》，教育职工发扬艰苦奋斗精神，以对党对国家的高度责任心，以"宁肯少活二十年，拼命也要拿下大油田"的豪

第一采油厂开发高台子油层

迈誓言，人拉肩扛，艰苦创业，进一步激发了职工的创业热情，人人以"创业奉献"为荣，以干打垒、地窨子为家，革命加拼命，以苦为荣，以苦为乐，拼搏奉献，奋发大干。从第一口井投产到萨尔图、葡萄花油层的一次井网全部投产，仅用五年时间，第一采油厂原油产量就达到611万吨，超过开发方案设计的590万吨的生产能力。1975年，在大庆油田"高产上五千，稳产再十年"的号召下，第一采油厂继续担负起稳产的重担，确立"年产1000万吨，稳产再十年"奋斗目标。在新目标的导向下，从当年8月份开始，全厂开展了稳产大调查、大讨论，领导带头示范，广泛发动群众，对地下形势、采油工艺、集输流程等进行全面调查，对油田稳产的有利条件、影响因素开展大讨论，制定了1000万吨稳产十年的具体规划和措施，为全厂十年内的稳产指明了道路。进入20世纪80年代，第一采油厂继续发扬"三老四严"精神，以勇于担当、主动作为的态度，始终践行原油稳产主力大厂责任。1982年，制定稳产到1987年的规划。1984年，制定稳产到1990年的规划。1986年，制定稳产到1995年，力争稳产到20世纪末的规划。1988年，提出"企业上二级、全质创省优、安全夺金牌"的奋斗目标。1989年，提出"上产、达标、创优、升级"的奋斗目标。1990年，提出"超产、夺标、争一流，特级、'五无'、创国

第一采油厂聚合物驱工业化应用投产大会

优"的奋斗目标。1998年,厂第七次党代会上提出"一个确保、两个推进、三个走在前列"的全厂跨世纪奋斗目标。在这些目标引领下,第一采油厂从1991年到1998年连续8年原油产量在1500万吨以上。多年来,第一采油厂始终坚守"堪当稳产主力、永做贡献大厂"的执着信念,自觉履行经济责任、政治责任、社会责任"三大责任",为国家多产油气、多创效益、多作贡献,用实际行动和丰硕成果印证油田主力采油厂的责任与担当。这种弥足珍贵的精神品质,成为第一采油厂今后发展中攻大难关、克大难题,实现更高目标、谋求更大发展的制胜力量。

2.聚焦保持主力大厂的责任定位,精心部署,推进企业快速发展

传承"三老四严"精神,就要始终保持严和实的思想和作风。大庆油田2000年重组改制以后,第一采油厂把这种精神体现到新的发展目标确立中。面临新的发展形势,始终坚持"两分法"前进,既看到矛盾与挑战,更挖掘优势和潜力,全面分析,尊重规律,精准切入,保证目标科学靠实、有效引领。第一采油厂立足实际,突出科学发展和创新发展的主题,深入开展"创新发展年""推进创新发展年""学习创新发展年"等主题活动,通过不断总结实践,升华认识,使发展的走向更加明确,发展的思路更加清晰,发展的规划更加完善。2004年,大庆油田提出了"依托百年油田,打造百年企业"的宏伟目标,这是时代赋予新时期大庆人的历史责任。作为大庆油田最大的采油厂,第一采油厂立足当前,谋划长远,围绕构建学习型采油厂目标,明确了"推进人才创新、管理创新、技术创新、文化创新"工作任务,为创建百年油田奠定坚实基础。2006年,在大庆油田"油气当量4200万吨以上稳产到2010年,4000万吨以上稳产到2020年"的阶段性目标引领下,第一采油厂认清挑战,把握机遇,全面分析,确立了"十一五"期间的"13231"工程目标("1":到2010年保持年产原油1000万吨以上;"3":三次采油年产量保持300万吨以上;"2":形成三元复合驱

配套技术，提高采收率20%；"3"：进一步加强管理、技术、操作三支人才队伍建设；"1"：实现一个目标——构建学习型采油厂）。自此，在"建设百年油田"的总体布局下，始终结合变化的生产实际，第一采油厂以一年一个具体发展目标推进各项工作有效落实。2007年，第一采油厂提出了"建成科学发展、和谐发展的百年大厂"新目标，进一步将全厂发展目标融入油田发展目标中。2009年，抓住大庆油田发现50周年契机，确定了"一五一十"工作目标（"一五"：坚持一个纲领、突出五个加快。全厂各项工作要坚持原油持续稳产政治纲领，加快科研攻关步伐，持续打好高科技新会战；加快推进管理创效，实现低成本发展；加快核心人才培养，不断壮大人才队伍；加快转变发展方式，推进安全清洁节约发展；加快和谐矿区建设，发展成果惠及广大员工。坚决完成1107.55万吨原油生产任务和7.1亿立方米天然气外输任务。"一十"：围绕一个中心、实施十大治理。开发管理工作要围绕夯实油田开发基础这一中心，实施水井测调、水质管理、注水质量、注聚质量、套管防护、措施优化设计、机采井节能管理、机采井维护、加热炉修保、作业施工十大专项治理，使精细管理由点的突破、面的普及，到质的提高，全面提高油田开发水平）。同时，以建厂50周年为契机，深入开展"珍惜一厂光荣史，高举旗帜向未来"主题教育活动，引导全厂上下始终坚守"为大庆油田担重任"的执着信念，保持"保稳产做主力"的进取状态，勇于担当，敢于担当。2010年，结合创建百年大厂的总目标，明确提出打造产量、科技、效益、创新、人才、文化"六个大厂"的战略任务，以目标的先进性激发干部员工的积极性和创造性。多年来，第一采油厂坚持实事求是原则，在创新中促转变，在转变中谋发展，从建设"百年大厂"到打造"六个大厂"，科学的发展目标始终引领追求发展的高质量、高效益、高水平，实现质与量、好与快、近与远的统一，推进了全厂又好又快发展。截至2006年9月底，第一采油厂累计产油达5亿吨。

3.践行"'三老四严'立身,原油稳产立功"责任,高举红旗,实现转型升级高质量发展

面对油田进入特高含水、特高采出程度的"双特高"开采阶段的状况,第一采油厂继续发扬"三老四严"精神,始终高举大庆红旗,坚持"讲政治、顾大局、葆红旗"的传承之路,保持"扛红旗、站排头、争第一"的精神品质,充分明确永做贡献大厂、永葆大庆红旗的自我定位。2010年,明确提出确保原油1111万吨稳产到2012年"三年硬稳定",实现新一轮原油分阶段高位持续稳产的目标,这是在年产原油1500万吨高产稳产之后,再一次主动担当起国家和大庆油田赋予的历史重任。在原油1111万吨"三年硬稳定"的决胜之年,全厂上下人心思干、主动作为、自觉加压,积极投身"奋战100天,稳产铸辉煌,献礼十八大"活动。广大干部传承弘扬"三老四严"优良作风,夜以继日抓生产,党员急难险重当先锋,员工爱岗敬业促上产,圆满完成了稳产任务,"三年硬稳定"比规划多产油697万吨,在油田稳产实践中再次担起了大责任,作出了大贡献。2015年,明确提出了增强大局、担当、效益、标杆、安全、服务、廉洁、学习"八种意识",通过目标引领、狠抓落实,广大干部员工方向更明了,目标更清了,干劲更足了,大局观念、责任担当和主人翁意识进一步增强,靠实企业改革发展的各项举措,凝聚起攻坚克难的强大合力,有力推动了全厂各项工作再上新台阶。2016年工作会上,又提出"大厂要作大贡献,各项工作要干在实处、走在前列、做好示范"的新目标,明确了坚决打好效益开发、管理提升、弘扬传统"三大战役"的总体部署,为第一采油厂在油田高举大庆红旗、坚持稳健发展的实践中,堪当主力重任、永做贡献大厂提供了有力引领。

进入大庆油田振兴发展新时期,高效开发了50多年的萨中油田已经不再年轻。面对开发调整难度加大、配套工艺日趋复杂、环保形势更加严峻等困难矛盾,一厂人从大局出发,把自身发展置于中国石油天然气集团有限公司建设世界一流综合性国际能源公司的大背景下，摆在大庆油田"当好标杆旗帜、建设百年油田"的大格局中，聚焦大势，思考未来，在矛盾、挑战和压力面前，主动担当大厂的责任和使命，坚定地与油田同频共振、同向共进。深受"三老四严"感染熏陶的一厂人认识到，要想实现科学合理有序调整，必须遵循开发规律。基于这一认识，第一采油厂领导班子马不停蹄，整整一个月，听取多项专题汇报，与技术、管理人员和基层员工广泛座谈，不回避矛盾，不绕开困难，针对目标、措施、效果科学考量，新的谋划在一次次交流碰撞中更加凝聚，"五大战略"（精准开发战略、创新驱动战略、挖潜增效战略、管理提升战略、人才强企战略）"四个采油厂"（产量贡献稳居排头的支柱采油厂、管理水平行业领先的标杆采油厂、精神品牌历久弥新的人文采油厂、发展环境持续向好的和谐采油厂）"665251"规划目标（年产油量保持在 600 万吨以上、低成本水驱产量比例保持在 60% 以上、水驱自然递减率控制在 5% 以内、水驱年均含水上升值控制在 0.2 个百分点以内、化学驱吨聚增油向 50 吨迈进、年套损率控制在 1% 以内）等一系列思路部署酝酿而生，确立了前进的节奏和路径。在起承转合的节点上，践行"'三老四严'立身，原油稳产立功"责任使命，把握"四个高质量"（开发水平高质量、效益贡献高质量、基础管理高质量、发展环境高质量），突出"六个关键支撑"（精准开发、提质增效、安全环保、创新驱动、夯实基础、弘扬传统），坚持"稳产量、强创新、控风险、抓党建"基本工作方向，全面推进转型升级高质量发展，努力探索老油田开发效果最好、效率最高、效益最大的开发新路。2020 年，面对新冠肺炎疫情及国际油价暴跌的双重影响，第一采油厂再次迎难而上，围绕落实习近平总书记贺信重要指示精神，结合中国石油天然气集团有限公司"战严冬、转观念、勇担当、上台阶"主题教育活动，提出坚持党的领导、坚持精准开发、坚持技术创新、坚持管理升级、坚持精神传承"五个坚持"战略部署，加快转型升级高质量发展，为大庆油田

"当好标杆旗帜、建设百年油田"继续奋斗。

第一采油厂60年的发展历程,正是依靠"三老四严"精神,从发展实际出发,实事求是地确定阶段性目标任务,稳扎稳打、稳中求进,保证了各项工作始终走在大庆油田前列。

(二)用"三老四严"精神抓开发

1962年8月,叶剑英视察大庆,欣然题写了"大地沉沉睡万年,人民科学变油田,一场会战十三路,预祝高歌唱凯旋"的诗句,对油田热火朝天的会战场景,对大讲科学的工作作风给予了高度赞誉。与深埋地下千米的油层打交道,必须发扬讲究科学、"三老四严"的求实精神。从第一口井投产到迅速建成计划产能,从油田试验开发区的确定到高产稳产规划方案的提出,第一采油厂走过的每一个历史发展阶段,"三老四严"都贯穿始终。

1.面对油田开发初期的各种困难,实事求是、迎难而上,取得了年产原油1000万吨的重大突破

开发建设初期,第一采油厂的油田开发工作者就深刻认识到,尊重客观规律、取全取准大量的第一性资料、把油田地下情况搞清楚,是油田保持高产稳产的前提。科学求实的"三老四严"在第一采油厂油田开发工作中得到了充分体现。会战时期,广大科技人员把革命干劲用到开展科学研究上、用到搞好第一性资料上、用到掌握自然界的客观规律上,树立了"石油工作者岗位在地下,斗争对象是油层"的思想。油田开发初期,针对油田面积大,边水不活跃和弹性能量小这一普遍矛盾,采取了"早期内部注水、保持压力采油"的开采方式,做到"三提前",即提前预测油田开发趋势,提前做好工艺技术准备,提前进行开发方案试验,使油田能量一开始就得到补充。在技术攻关的同时,抓住油田稳产中的主要矛盾,大力开展区块开发试验,在中区西部先后开展了十大试验。其中,针对油田开发中逐步形成的平面、层间和层内三大矛

盾，开展了分层注水和笼统强化注水对比试验。为了确保油田稳产，充分发挥中低渗透层的作用，开展了"分层开采接替稳产试验""高台子油层开发试验"等。为挖掘各类油层潜力，搞好产量接替提供了宝贵经验，为实现原油长期稳产高产提供了技术保证。从1960年油区开发打第一口油井到1965年开发萨尔图油层的一次井网全部布完，油区产量迅速上升到611万吨，超过了设计能力，油层仍然保持在原始地层压力下自喷开采。1966年中期开始，受"文化大革命"的冲击和干扰，油田曾一度出现了原油产量下降、油层压力下降、油井含水上升的"两降一升"的被动局面。第一采油厂广大科研人员顶住各种压力，坚持科研实践。1970年，遵照周恩来总理关于"恢复'两论'起家基本功"的指示，全厂大学"两论"，广泛开展群众性的地下大调查和油水井分析活动。广大科技人员在全面深入地认识油田地下的基础上，编制调整方案，全面加强注水和恢复、提高压力的工作。针对主力油层注入水单层突进、含水迅速上升的矛盾，采取了"六分四清"采油工艺技术，即分层注水、分层采油、分层测试、分层研究、分层改造、分层管理，分层注水

第一采油厂油田开发人员科研攻关

量清、分层采油量清、分层出水状况清、分层压力清。保持了合理的地层压力，缓解了层间矛盾。围绕"如何保持长期稳产"的课题，根据油田地下不断变化的实际，采取不同的技术措施。依靠原井网、原开采工艺，通过加强分层注水、分层压裂、分层堵水等调整挖潜措施，充分发挥主力油层作用。到1974年，第一采油厂原油年产量攀上了1000万吨的历史新高，科研人员潜心研究、刻苦攻关，科技实践风起云涌、持续推进，科研成果及时转化、推广应用，起到了关键性的作用。

2.面对油田高含水期开采的突出矛盾，脚踏实地、攻坚克难，迈上了年产原油1500万吨连续稳产8年的历史高峰

随着油田开发时间的延长，主力油层进入高含水期开发阶段，油田含水达到70.6%，地下油水状况变得复杂，开发难度逐年加大。在这种困难的条件下，面对国家对石油能源的迫切需求，第一采油厂全面转变开发方式，变自喷开采为机械开采，并做出了开发地下尚未动用的高台子油层的重大决策，吹响了向年产1500万吨进军的号角。1980年以后，自喷井大量转抽，产液量大幅度增加，但由于套损、降压，供电不足和大排距、大井距造成注水不均等原因，油田注水量增幅较慢，地下出现了欠注问题。针对这些矛盾，第一采油厂始终以实事求是为根本遵循，坚持不断实践，不断认识。根据注水站布局不合理问题，先后建立注水站4座，缩小了供水半径，注水压力由10兆帕提高到12兆帕。同时，针对主力油层出力多、含水高，非主力油层出力少、含水低，一些中低渗透层还未动用的实际情况，及时实行了"三个转变"的油田稳产增产措施，即调整措施以"六分四清"为主转到以细分层系为主，开发层系由原来的3套细分成7套；挖潜对象以高渗透层为主转到以中低渗透层为主，主要靠钻加密调整井挖掘中低渗透层潜力，1980年至1989年共钻调整井1118口，形成了年产300万吨的生产能力；开采方式以自喷采油为主转到以机械采油为主，转抽2074口，占油井总数的75.5%。与此同时，全面开发高台子油层，努力增加产能。通过采

取这些措施，使原油产量实现了稳中有升。

高台子油层位于萨尔图油层下面，埋藏较深，渗透率低，而且油层也比较薄，开采难度大。在油田开发初期，由于认识和技术上的制约，地质专家们把高台子油层打入了"冷宫"。然而，由于萨尔图主力油层产量递减，第一采油厂开始把目光转向了地下依旧沉睡的高台子油层，开始了对高台子油层的开发试验。为搞好开发工作，1980年，在大庆油田率先开辟了1.57平方千米的高台子油层开发试验区，初步掌握了有关高台子油层生产能力、吸水能力、开发特点、措施效果等大量的宝贵资料，为科学编制高台子油层开发方案提供了依据。为研究高含水期及特高含水期油田开发的特点和产液量、产量的变化规律，1983年，在西区开展了全面转抽加速开采试验。通过三年试验，增油14万吨，搞清了油井转抽后产液量的提高幅度、采液指数、采油指数的变化规律，为"七五"期间油田稳产提供了现场依据。1988年，在西二块进行了注采系统调整试验，在断西高台子油层进行了由反九点改五点法注采系统调整试验，为"八五"期间对萨尔图、葡萄花及高台子油层进行注采系统全面调整，做好了充分准备。依靠主力油层和高台子油层的开发，到1991年，第一采油厂攀上了年产1500万吨的高峰。

1990年底，大庆石油管理局针对提高产液量保稳产带来的含水上升、产液量高等问题，提出了"稳油控水"的油田开发方针。第一采油厂结合地下实际，于1991年全面实施"稳油控水"工程，进行了注水结构、产液结构和储采结构调整。通过实施"稳油控水"工程，有效地控制了含水上升和产量递减，萨中开发区在"八五"期间每年增加可采储量700万吨至1000万吨，到1998年，创造了年产原油1500万吨连续高产8年的奇迹。

3.面对持续有效发展的光荣使命，打破常规、砥砺奋进，创造了年产原油1000万吨以上连续稳产40年的辉煌业绩

进入20世纪90年代后期，高水平、高效益、可持续发展成为油

田开发的主题。油田进入高含水后期开发，油层采出程度高，主力油层开发效果变差，地下油水情况纷繁复杂，产量递减幅度增大，稳产和产量下降的矛盾十分尖锐，实现油田持续发展，迫切需要新的开发技术。第一采油厂开始了艰苦攀登，三次采油技术应运而生。大庆油田的开发一直实行的是水驱采油，采用这种办法，依据石油开发的理论和实践，只能采出地下石油储量的40%至45%。而三次采油通过向地下油层注入化学制剂，可较大幅度提高油田采收率，增加可采储量。

　　面对毫无经验可以借鉴的全新课题，第一采油厂坚持"实践—认识—再实践—再认识"的唯物辩证法，开辟生产试验区，把室内实验、矿场试验、推广应用作为一个系统工程来对待，不断提高油田开发的效益和效率。在中区西部单层、双层两个小型注聚合物三次采油开发试验取得成效的基础上，开始了大规模的三次采油工业化生产。全油区开辟了5个注聚合物工业化生产区，面积达到30平方千米，占全厂总开发面积的近五分之一。1997年，聚合物工业化生产区日产油由见效前的3319吨增加到10413吨，含水由92.6%下降到75%，平均单井日产油

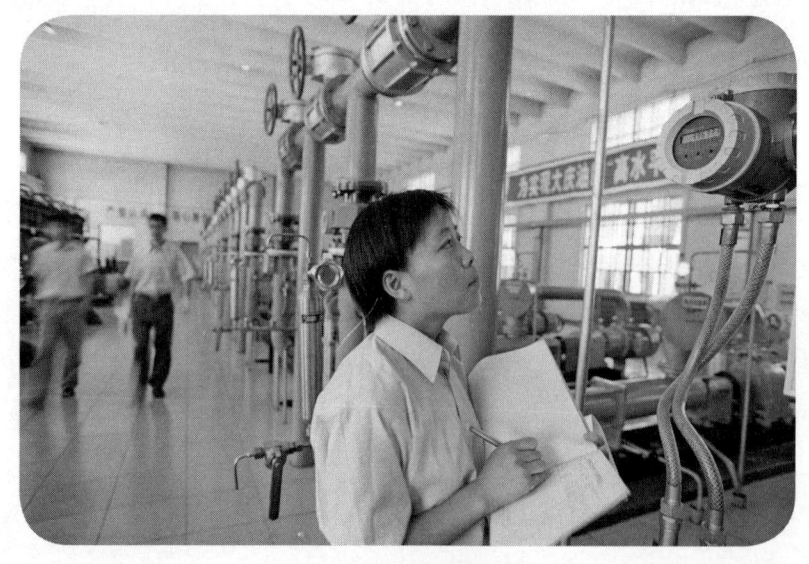

岗位员工认真录取数据

由15吨增加到49.6吨，增油幅度达到213%。整个聚合物工业化生产区全年累计产油232.9万吨，比1996年增油151万吨。随着聚合物驱生产规模的扩大，不断发展完善聚合物驱技术，提高主力油层聚合物驱开发水平。"十五"期间，紧紧围绕聚合物驱工作部署，坚持边实践、边总结，加强注聚合物区块个性化跟踪调整，采取应用"高用量、高分子量、高浓度"技术、复合离子深度调剖技术，加大分层注聚合物力度，实施过渡带聚合物驱综合调整等措施，充分利用储量资源，提高聚合物驱开发水平，实现了既定的工作目标。聚合物驱三次采油工业化生产的巨大成功，不仅为实现持续稳产带来了希望，更重要的是为大庆油田的注聚合物三次采油提供了试验依据和工业性生产的宝贵经验。

为了全面提高油田开发水平，"十五"后三年，第一采油厂围绕"持续有效发展，创建百年油田"的宏伟目标，全面实施了"151293"工程（"15"：三年新增可采储量1500万吨；"1"：三年水驱含水比计划少上升1%；"2"：三年建成产能200万吨；"9"：水驱自然递减率低于9%；"3"：聚合物驱年产量保持在300万吨以上）。三年新增可采储量1182万吨，水驱综合含水少上升1.6个百分点，三年建成产能201.3万吨，水驱自然递减率控制在6.79%，聚合物驱年产油保持在340万吨以上。同时，不断发展油藏精细描述技术，指导油田开发工作。坚持地质基础工作与技术发展并举，发展了储层描述、油藏数值模拟、剩余油描述等技术，研究层次不断加深，研究领域不断拓展，综合研究能力和水平不断提升，研究成果在开发调整、方案设计和现场试验等工作中得到了规模化应用。加强水驱调整和优化，不断改善开发效果。仅"十五"期间，累计生产原油6593万吨，超产22万吨；外输天然气30.21亿立方米，超产7.22亿立方米；新增可采储量2628万吨，油田采收率达到49.7%，比2000年提高2.14个百分点，第一采油厂始终保持旺盛的生命力。

大庆油田吹响了"持续有效发展，创建百年油田"的号角，作为主

力采油厂,第一采油厂重任在肩。第一采油厂油田开发工作者认真落实科学发展观,整合多学科优势力量,在精细地质研究方面取得新突破,提高采收率技术成效显著,提高采收率配套技术日趋成熟,信息化建设步伐进一步加快,提升了科技自主创新能力。从2008年以来,针对水驱开发,大力实施加密调整、注采系统调整、多学科综合治理和细分注水调整,优化注水、产液结构,使注水量增长率、产液量增长率、自然递减率得到有效控制,含水上升速度减缓。同时,河道砂体内部结构单元划分方法及建模技术、萨零组油层先导性矿场试验、高含水井治理技术研究、高台子油层窄小河道砂体精细表征和水驱特高含水期精细挖潜配套技术日益成熟,开展细分注水、窄小河道控水挖潜、井组匹配跟踪调整技术研究,在精细注采结构调整上有了新提高,精细挖潜更加深入,套损成因与防控等取得新进展。

4.面对高质量发展的时代命题,科学求实、稳扎稳打,探索了"双特高"老油田开发效果最好、效率最高、效益最大的发展新路

油田开发进入"双特高"开发后期,第一采油厂面临着剩余油挖潜难、采出液处理难、套损形势严峻、基础设施逐年老化、生产规模不断扩大等诸多难题,一厂人深深意识到,要解决矛盾和困难,必须要依靠"三老四严"的优良传统,用科学求实的态度,把握开发规律,创新开发技术,助力大庆油田"当好标杆旗帜、建设百年油田"宏伟目标的实现。开发战略更加务实。第一采油厂位于长垣油田萨中开发区,先后历经水驱、聚合物驱、三元复合驱的综合开采过程。根据实际情况,聚焦精准开发,大力实施地质研究强化工程、水驱控水提效工程、三采提质增效工程、套损综合防治工程、措施增油创效工程、注水质量提升工程、信息支撑提档工程"七项工程",有效解决了当前与长远、地下和地面的矛盾,推动开发工作由"精细"向"精准"转变。开发措施更加精细。开展"一口井"挖潜工程,对油水井进行地下分析,进行单井动态跟踪管理,将措施挖潜落实到每口井的每个层,全厂油水井口口做到

"四清",即地质情况清、基本参数清、生产状况清、上产措施清。通过精细油田开发,2015年针对剩余油潜力挖掘难度加大的实际,提出并实施"四个精准"的开发策略,即精准分析每一区块、精准挖潜每一井层、精准控水每一单元、精准应用开发软件,使油田注水由精细向精准转变,筑牢了水驱产量支撑地位,全厂各项开发指标连年好于计划要求。开发技术更加先进。随着油田的不断开发,油田含水率逐步上升,在水聚两驱开采对象逐渐变差,储采失衡矛盾加剧的情况下,为了实现"高效益、可持续、有保障"的持续稳产,经过多年的研究攻关,第一采油厂逐步形成了特高含水期水聚两驱高效开发配套技术,攻破了河道砂体内部结构单元划分方法及建模技术、萨零组油层先导性矿场试验、高含水井治理技术研究、高台子油层窄小河道砂体精细表征和水驱特高含水期精细挖潜等配套技术,设计出具有世界先进水平的开发方案,开辟了具有中国特色的油田开发之路。2019年,第一采油厂又率先在油

大庆油田的"名片"——二号丛式井平台

田开展大数据人工智能调整技术的研究,形成了一套水驱注水井方案智能优化方法,实现了水驱开发效果和效益的进一步提升,为高质量发展提供有力支撑。截至2019年12月31日,第一采油厂累计生产原油6.3亿吨,占大庆油田总产量的四分之一,占全国同期陆上油田原油总产量的十分之一。

(三)用"三老四严"精神强管理

管理是企业永恒的主题,创新是企业发展的动力。历史地看,"三老四严"是石油人与生俱来的精神品质,来源于原油稳产的生动实践。现实地看,"三老四严"充分体现为"精了还要精,细了更要细"的管理要求,满足了原油生产的根本需求。建厂以来,第一采油厂从自身实际出发,主动适应体制机制变革和油田发展需要,以系统内最高水平为目标,坚持用"三老四严"抓生产、提效益、保安全,努力创出一流业绩。

1.用"三老四严"严实标准抓生产管理,提升管理水平

第一采油厂始终把完成产量任务作为第一要务,实施精细管理,加强组织协调,优化组织运行,推进基础管理水平提档升级。向管理提升要产量。坚持问题导向,成立产量运行督导组,对重点环节加强督导和协调;实施措施井"两测两调"(注水井措施后测分层水量、测试调整;采油井措施后测动液面、调整机采参数)管理方法,实现井组油水井及时联动调整,控制含水上升速度,提升措施增油效果;加快临关井处理、异常井诊断、大修井投产工作步伐,有效保障生产时率;强力推进产能建设工作,重点抓好"超前准备、钻井运行、射孔完井、基建投产"四个环节,提升产能贡献率。向管理提升要质量。在测试管理上,推行"六定"管理,即定测试班组、定区块区长、定工作职责、定井层数量、定含水指标、定考核政策,优化测试周期,提高测调质量,测试合格率、注水合格率有效提高;在资料录取管理上,探索密码

样含水化验和巡回检查确认制管理，实现油水井巡检痕迹化管理，确保资料数据真实准确；在黏损专项治理上，建立配注系统黏损监控流程和标准，开发聚合物驱配注系统黏损信息平台，明确各节点控制指标，实时监控配制站、管线、注聚泵、单井黏损状况，合理制定治理措施，注聚质量有效提高；在生产现场管理上，推行"5S"（整理SEIRI、整顿SEITON、清扫SEISO、清洁SEIKETSU、素养SHITSUKE）管理方法，达到"六化"（内务管理军事化、节能管理精细化、设备管理"十字化"、岗位操作标准化、环境管理清洁化、资料管理全准化）标准要求，促进油田管理基础工作水平和生产岗位员工素养提升。向管理提升要效益。自主研发"油田开发管理平台"，通过对各网络平台数据结构进行系统集成，减少每日重复录入数据43100项，实现了开发形势在线分析、提液潜力自动筛选、措施效果及时跟踪、关键环节实时受控，形成了全方位、立体化、信息化的生产管理模式；瞄准制约油田生产管理的瓶颈问题，优化劳动组织模式，总结推广"井站专业化""班组区域化""岗位自动化集中控制""后线队整合""采油生产维修保障专业化"等一系列管理方法，加快数字化油田建设进程，打造数字化采油队、联合站，推行变电所无人值守模式，进一步提高了管理效率和效益。

新站投产后加密巡检

2.用"三老四严"严实态度抓经营管理,筑牢发展基础

第一采油厂围绕提高经营管理水平,加强顶层设计,对标先进水平,积极创新管理机制,强化企业管理的基础工作,确保经营目标的实现。发源于第一采油厂的岗位责任制,是"大庆品牌"的标志性元素,在大庆油田、石油工业乃至我国工业化进程中都发挥了不可替代的作用。新时期,第一采油厂加强以岗位责任制为核心的基层"两册"建设,即适用于基层管理人员的《基层队(站)管理手册》和适用于操作工人的《岗位标准化操作手册》(以下简称"两册"),对在用制度、流程、标准、体系、表单等要素进行整合,覆盖全厂所有主体队种,进一步明晰岗位职责,统一工作标准。恢复岗位责任制检查好传统,探索以"两检、三查、一整改"为内容的"231"岗检法,赋予岗位责任制大检查新的形式和内涵,强化制度的约束力和执行力,使老传统作用突显、生机盎然。在抓好岗位责任制执行的同时,积极适应建立现代企业管理制度的要求,从优化制度结构、提升制度质量入手,修订完善《第

注水站员工正在进行倒阀操作

一采油厂规章制度管理实施细则》，坚持弥补制度缺失与优化已有制度相结合，构建"规范化、流程化、精细化、信息化"规章制度管理体系。在建立预算管理体系方面，采取上下结合、统一标准的方法，编制预算方案，实行以井、站为主的级差定额预算管理方法，开展定额测算工作，形成3个方面、12大类、52项定额价格标准，编制预算管理模板，规范预算编制方法和编制标准，提高预算编制的科学性、合理性。在健全成本管理体系方面，下放成本管理权限，形成厂、矿（大队）、小队、班组、岗位五级成本管理体系，将费用下放到矿（大队），实行矿（大队）控制费用、厂机关职能部门控制指标的双向成本控制机制，增强基层成本意识；坚持以效益为中心的资金投入导向，实施"有保有压"政策，加强成本管控，强化经营分析，压缩非生产性支出，最大限度控制成本支出，把成本用在保障油田开发、安全环保、员工利益上；推行对标管理，制定《对标管理工作实施细则》，编制厂矿两级对标分析报告，每季度召开经营管理分析会，围绕效益、效率、成本及与之紧密相关的管理指标，发现问题，找准短板，精细管理，保证经营目标的实现。在完善绩效考核体系方面，以简洁、高效、易操作为原则，构建以"全要素薪酬分配、全要素绩效考核、全要素正向激励"为主要内容的绩效管理体系，突出效益效率在薪酬分配中的主导地位，考核数据信息化管理，各单位经营业绩量化评价，形成制度执行、量化评价、信息反馈、管理提升的闭环管理模式，有效提升经营管理考核科学化、规范化水平。第一采油厂效益水平始终保持大庆油田前列。

3. 用"三老四严"严实要求抓安全环保，促进本质安全

党的十九大对安全生产、绿色发展做出重要部署，发出加强安全环保工作的最强音。第一采油厂地处繁华区，生产规模大、设备设施多。随着生产设备日益老化，生产任务日益繁重，落实安全环保责任更是重中之重，更要依靠"三老四严"的优良作风来执行。一厂人把"严""细""实"体现在安全环保工作的方方面面，严格落实各项防范

生产辅助单位实施"大维修"模式

措施,守牢安全环保生产底线,确保安全环保形势稳定。在抓安全责任落实方面,完善以组织、制度、运行、监管为核心的体系建设,成立10个QHSE专业委员会,每年年初编制下发厂安全环保工作要点,下达厂安全环保考核指标,组织层层签订安全环保责任书,推行各级领导干部个人安全行动计划和安全联系点活动,形成个个单位有指标、人人肩上有压力的工作格局,以强有力的措施推动责任落实。在严抓安全风险管控方面,强化专业监管队伍建设,开展事故大数据统计分析及规律研究,深化全员风险辨识,强化隐患排查治理,建立健全承包商管理机制,有效保证了属地责任的落实。在严抓安全能力建设方面,建设安全文化,营造浓厚的安全生产氛围;以事故案例为教育警示资源,开展"事故大家讲,'三违'行为大家谈"活动,强化"一切事故都是可以避免的"思想共识;建立"专家讲、干部讲、员工讲、网络讲"四位一体的HSE培训模式,重点开展科级干部履职能力培训、基层站队干部安全意识培训和监督系统专业培训,全面开展领导层、操作层随机访谈,巩固培训效果。在严抓安全环保监管方面,把环保作为履行政治责任、推进科学发展、造福子孙后代的头等大事来抓,以"不达标的污水一滴不排，不环保的原油一滴不要，不绿色的效益一分不取"为目标，抓住泥、水和生态保护等关键因素，通过实施污泥治理、污水达标、生态改善，推进了绿色发展、清洁发展。第一采油厂连续多年被评为大庆油田有限责任公司环境保护先进单位，长垣含油污水生化处理站、北一区含油污泥处理站获中国石油天然气集团公司绿色基层队（站）、车间（装置）称号。

（四）用"三老四严"精神兴人才

人才是企业的第一资源，是推动企业创新发展的关键力量。第一采油厂始终用"三老四严"统一全员思想、增强责任意识、提高能力素质、厚植爱厂情怀。60年来，一代代管理人才、技术尖兵和岗位能手脱颖而出，汇成了第一采油厂兴旺不衰的力量源泉，成为支撑第一采油厂持续发展的钢铁脊梁。

1. 着眼油田生产建设需要，全面加强基本功训练，快速培养实用人才

针对会战初期的艰巨任务和岗位工人技术相对薄弱的实际，培养具有岗位操作技能的职工是当时的迫切需要。建厂之初，第一采油厂就把培养各类人才摆在突出的位置，努力培养适应油田开发建设需要的实用型工人队伍。大力开展以岗位练兵和油田地下分析为主要内容的基本功训练，使广大职工对油田开采管理技术由"知之甚少"到"知之甚多"，技术水平很快适应油田全面开发的需要，涌现出一大批地下分析能手，成为油田建设的骨干。随着油田的发展，本着"干什么学什么，缺什么补什么"的原则，进一步加大人才培养力度，加强岗位培训，开展"百问不倒""官教兵，兵教官，兵教兵"等岗位练兵活动，坚持每周一次业务技术学习，开办夜校，经常举行各工种的技术演练，年年召开开发技术座谈会。广大职工结合本职工作，坚持"严格训练，严格要求"，从严、从难、从实际需要出发，苦练基本功，"百问十小将"的故事享誉油田。

1977年2月22日，第一采油厂召开了一次"百问十小将"的岗位练兵现场会议。10名平均只有4年工龄的采油工人，当场回答了参加会议的老采油工、井长、队长和技术干部提出的401个问题。这10名小将是当时第一采油厂一大队的二级采油工，平均年龄24岁。在这次现场会上，他们被提问的问题包括大庆油田开发和建设的基本经验、油田地质情况、采油专业技术，以及他们本人所管理的油水井的基本数据、采油过程中可能遇到的疑难问题等。年轻的女采油工徐美银准确回答了被提问的101个问题，做到了"百问不倒"。屠碧芳、周杭等4名小将分别在2分钟内，回答了本人所管理油水井的26个基本数据。就在这次现场会的前一天，大庆党委负责同志专门到这些小将管理的油井进行了考察，发现从地面到地下都管理得井井有条。有的油井采油树上挂着白毛巾，任凭怎么擦，毛巾仍然雪白。

技能专家与基层员工交流

这批小将之所以能在现场会上取得这样好的成绩，是他们坚持学文化、学技术的结果。女采油工徐美银当采油工4年来，坚持勤学苦练，每天挤出1小时钻研技术，整理出1万多字的技术笔记，积累了115条油水井管理经验。她录取的103000个资料数据全部准确、无一差错。

正是在她们的示范影响下，广大职工坚持学文化、学技术，取得了可喜的成果。职工队伍的技术素质得到全面提高，迅速培养了一支适应油田开发建设需要的实用人才。先后有三分之一的熟练工人调往新区，有力支援了其他油田的开发建设。

2. 立足提高油田建设水平，大力开展新技术培训，不断壮大人才队伍

进入20世纪80年代，在油田大面积转抽，大量新工艺、新技术推广应用的情况下，第一采油厂认真抓好职工队伍技术培训和管理知识更新工作，逐步使职工培训教育制度化。建立了职工培训中心，与矿、小队形成培训网络，分期分批进行培训，使广大职工练好真本领、硬功夫。全厂涌现出市（局）、厂、矿技术能手1890名，为实现年产原油1500万吨发挥了重要作用。

从1981年开始，第一采油厂根据油田生产发展的需要，集中力量抓好对职工的"双补"（文化补习和技术补习）工作，培训率达100%。全厂有3005名职工文化补习合格，占应补对象的87%；有4209名职工技术补习合格，占应补对象的92%，到1983年提前完成了石油工业部下达的"双补"任务。经石油工业部验收，抽考平均成绩为81.95分，被评为石油工业部"双补"先进单位。注重抓好职工培训基地建设，形成了综合配套的职工培训基地。到1988年底，全厂具有各工种培训基地7个。1985年，第一采油厂以深化职业技术教育改革，不断提高职工队伍素质为核心，认真抓好等级培训和超前培训工作，制定"495"培训计划，即对1513名班组长及业务骨干中的40%进行岗位合格培训；对6613名工人中的90%进行上一等级培训，同时在上一等级培训人员中再抽出50%进行上二等级的培训。1985年至1989年，第一采油厂连续被市（局）评为"职工培训先进单位"。截至1989年底，全厂向外输送工人11500人、干部5000人，为石油工业的发展作出了贡献。

进入 20 世纪 90 年代，第一采油厂教育培训工作坚持"百年大计，教育为本""企业要发展，教育要先行"的原则，坚持学历教育和各类培训相结合，开展了大中专学历教育、大专层次证书教育、高中学习教育、岗位培训、技能等级培训和适应性培训等工作。1998 年，按照 ISO9000 系列标准要求，制定《岗位工人教育培训管理暂行办法》《职工培训综合管理制度》，重新编写了《培训管理程序》。2000 年，制定《员工学历教育管理暂行规定》和《员工教育培训管理暂行办法》，加大相关专业、相邻岗位、一专多能的专业知识培训，逐步向"一岗精、二岗通、三岗懂"的方向发展。1984 年至 2000 年，全厂共举办十四届职工技术运动会，参赛工种达到 30 多个，选手达 16570 人次，实现职工素质整体提高。1989 年，在中国石油天然气总公司青工大赛中取得了前三名。1992 年，在黑龙江省石油工程学会采油工程系统青年知识竞赛中获得团体第一名。1999 年，在黑龙江省第五届职工技术运动会中被评为优秀组织单位。

3. 承载主力大厂责任使命，实施人才强企战略，积极构建学习型采油厂

进入 21 世纪，面对新形势、新任务，第一采油厂确立"能力关怀"理念，大力实施"134"人才规划（以建设学习型采油厂为目标，建设管理人才、技术人才、操作人才三支队伍，完善人才培养、选拔使用、考核评价和激励四个机制）。

构建学习型采油厂。第一采油厂着眼实现持续有效发展，确定了创建学习型采油厂的战略目标，形成"学习—超越自我"的学习理念。通过构建学习型采油矿、学习型小队、学习型班组、学习型机关、学习型系统五种学习型组织模式，建立组织机制、学习机制、激励机制和评估机制四项机制，开辟岗位学习、反思学习、共享学习、互换学习、竞赛学习、团队学习、系统学习等十条学习途径，形成了五大类型、八大系统的学习型采油厂建设的基本框架，营造了天天都是学习日、处处都是

大课堂、人人都是好学员的学习氛围。

建立健全人才开发工作机制。完善人才培养机制，建立培训效果考核评估制度，通过专门培训、岗位锻炼、定向培养等配套措施，提高培训质量。完善人才使用机制，深化岗位管理，建立公开、平等、竞争、择优的用人制度，破除身份和专业界限，做到不拘一格使用人才。完善人才考评机制，建立以业绩、贡献为主，包含品德、知识、能力等内容的人才考核评价体系，促进人才成长成才。完善人才激励机制，建立物质激励与精神激励相结合的激励体系，研究制定不同层次、不同群体的激励政策，进一步增强激励效果。搭建"能力建设、技术创新、技能提升"培养框架，健全核心技术人才、技能人才评聘机制，努力打造复合型管理人才、专家型技术人才和技能型操作人才队伍。

加快人才队伍建设步伐。科学制定中长期人力资源规划，明确总体目标、基本思路和保障措施，确保人力资源有效开发。采取举办知识讲座、选送优秀人员深造等方式，提高各级管理人员的管理能力。整合培训资源，建立专业培训基地，完善培训运行管理体系，建立培训工作流程，实现培训工作制度化、规范化、科学化。举办员工技术运动会，广泛开展岗位练兵、"百做不误""导师带徒""送技能到岗位"等活动。制定了技术专家、学术技术带头人和专业技术骨干评聘办法，加强核心人才培养。依托培训基地、技能人才工作室、岗位练兵室，发挥高技能人才带徒传技作用。

4.肩负百年油田重大责任，提升人才能力素质，全力打造人才大厂

人才兴则企业兴，人才强则企业强。面对"当好标杆旗帜、建设百年油田"的历史重任，第一采油厂牢固树立人本思想，不断壮大人才队伍，持续提升人才素质，充分发挥人才作用，全力建设人才高地，努力将人员大厂建设成人才大厂。

强培训，突出基本素质。抓好网络培训学院、培训师队伍和培训教材体系建设，组建320人的培训师队伍，自主开发课件、编制教材，

增强培训的实效性。建成教学先进、功能完备、动静结合、工种齐全的厂培训中心,采取多种方式,分层次、分专业、分岗位开展技能轮训。注重以干代训,组织基层干部到先进小队跟班学习,加强实践锻炼,提升能力素质。注重内培外训,针对管理、技术、技能骨干,开展多层次、多渠道、多方式的专业技能升级培训。注重实践锻炼,针对优秀技术人员,采取给位子、压担子、定课题、交任务的方式,发挥作用,促进成长。广泛开展"导师带徒"、"五佳"育才评比等活动,提升员工多工种、多岗位操作能力。

重激励,突出业绩导向。着重突出"以业绩贡献论人才"的评价标准,重奖杰出人才,形成"人人皆可成才"的价值导向。充分发挥学术带头人、技术骨干、技能专家、高级技师和技师等人才的作用,选拔厂、矿两级培训师,对完成教学计划和育人目标的优秀培训师和育人导师给予奖励。制定管理创新和岗位创效评审奖励办法,举办技术革新成果展,激励广大员工立足岗位创新创效。2011年,成立了大庆油田首个以员工名字命名的工作室——任相财工作室。工作室以"凝智聚力攻难关、先导推广助稳产、团结协作育人才"为工作理念,开展团队攻关、新技术推广、技术咨询、学习交流、人才培养等工作,成为技术革新成果展示的窗口,团队技术革新攻关的擂台,技术革新成果先导推广的平台,加快高技能人才培养的摇篮,技术交流研讨的课堂。任相财工作室被评为国家级技能大师工作室。

树标杆,突出典型引领。"抓典型,立标杆"是大庆油田开发建设的一条基本经验。从20世纪60年代的"五面红旗"马德仁、薛国邦到70年代黑龙江省劳动模范王友全,从80年代石油工业部劳动模范夏良才到90年代全国新长征突击手李文英再到新时期中国石油天然气集团公司铁人奖章获得者侯涛……在第一采油厂,以评思想、比贡献、选模范、树标兵为内容的"评比选树"活动一直延续至今。每年"三八"节评选表彰"巾帼建功"岗位明星和示范岗;每年"五四"评选表彰"十大杰出青年"、先进团组织和优秀团员；每年"七一"评选表彰先进党组织、优秀共产党员和模范党务工作者；每年年底评选表彰双文明先进单位、先进集体和杰出员工、优秀员工。采取大会表彰、下发通报、图片展览、新闻报道、会议交流、现场观摩等丰富多样的形式，宣传先进事迹和经验，营造学先进、赶先进、当先进的浓厚氛围。中十六联合站坚持"永远做油田精品"的发展理念，通过建设进取型班子、培育知识型职工、实施精品型管理、构建特色型文化，实现各项管理的创新发展，获全国五一劳动奖状、全国文明单位等荣誉称号。试验大队维修队技术员李国龙扎根一线40多年，坚持在生产实践中学技术、练本领、搞革新、创效益，从一名普通的采油工逐步成长为闻名油田的"工人发明家"，被评为中央企业劳动模范。先进典型的示范激励极大增强了全厂干部员工的学习意识、创新意识、发展意识，形成了人心思干、人心思进、人心思上的创先争优氛围。

（五）用"三老四严"精神促党建

建厂以来，第一采油厂党委始终用"三老四严"严实作风抓党建、提质量，化政治优势为发展优势，为全厂各项工作全面发展提供坚强的政治保证。

1960年10月9日，经大庆油田会战工委决定，成立采油指挥部（第一采油厂的前身），同年10月31日，成立指挥部党委。会战初期，面对艰苦的工作条件，指挥部党委大力抓好领导班子建设，坚持"三个面向，五到现场"好传统，即面向群众，面向基层，面向生产；生产指挥到现场，政治思想工作到现场，材料供应到现场，设计科研到现场，生活服务到现场，做到"工人身上有多少泥，干部身上就有多少泥"。学习解放军的经验，坚持"支部建在连上"，在基层小队建立党支部，设立专职思想政治工作指导员。坚持党的民主集中制，坚持"三会一课"（支部委员会、支部党员大会、党小组会、党课）制度，充分发

挥党支部的战斗堡垒作用,保证生产任务的顺利完成。1986年,大庆市(局)党委提出"队队建立支委会,班班有党员"的党建工作目标,第一采油厂党委认真贯彻落实这一指示,在全厂300多个小队、1000多个班组开展宣传教育,并从组织上采取重点在生产工作一线和无党员班组发展党员、把党员相对较多的后线单位党员调整充实到生产一线、两级机关党员下基层、本单位党员横向调整等多种办法和措施,当年实现"队队建立支委会,班班有党员"的目标。1991年,贯彻落实大庆市(局)党委《关于在全市开展创建标准化党支部的意见》,采取多种形式,开展创建标准化党支部活动。涌现出以南八队、南三队、中四队、北十队为代表的70个标准化党支部。到1995年,全厂标准化党支部已达到85%以上。注重加强党员教育管理,提高党员队伍的整体素质,形成以党员责任区为基本形式,以"创先争优"活动为基本内容,以民主评议党员为基本激励手段的党员教育管理一体化模式和管理

第一采油厂召开党建工作经验交流暨先优表彰大会

机制。1998年,第一采油厂党委提出以"举旗铸魂、依则整形、扎根立身、创业攻坚"为内容的党的建设主要任务,在广大党员中开展了"学习邓小平理论,学习新党章,学习全国优秀共产党员王启民为代表的先进典型,争当油田二次创业先锋"为内容的"三学一争"活动,增强广大党员的责任感和使命感,在推进全厂创新发展中发挥了先锋模范作用。

2000年以来,第一采油厂党委相继组织开展了"创铁人基层队,争当行业一强"活动,以"比学习、比思路、比创新、比稳定、比成效"为内容的党支部"五比"活动,以"争当学习状元、争当管理明星、争当科技标兵、争当岗位能手、争当思想政治工作模范"为内容的党员"五争当"活动、"创建学习型党支部,争当学习型党员"活动、党员旗帜工程,以及党员先锋岗、星级管理岗、挂牌示范岗、精品责任区等一系列竞赛活动。广大党员在实践中自觉做到一时一刻牢记党员标准,一言一行符合党员称号,一点一滴体现党员作用,一心一意为党旗增辉。全厂党员在暴风雪、地震、大暴雨等危急时刻,冲锋在前,连续奋战,攻坚啃硬,用模范行动诠释了共产党员的先进性。正是在党员的影响和感召下,广大群众积极向党组织靠近,党组织的凝聚力和战斗力不断增强。

进入油田发展新时期,推进全面从严治党向基层延伸,第一采油厂党委坚持"围绕生产抓党建,抓好党建促生产",持续加强党的政治建设、思想建设、组织建设、作风建设和纪律建设,为推动高质量发展提供了坚强的政治保证。

加强政治建设,用"三老四严"的严实作风强化听党话、跟党走的政治自觉。第一采油厂党委始终把"三老四严"与党的建设相结合,与各个主题教育相结合,用党的创新理论武装头脑、指导实践。2005年7月,开展保持共产党员先进性教育活动,在完成"规定动作"的同时,紧密结合党员队伍实际,丰富教育内容,创新活动载体,圆满完

成学习动员、分析评议、整改提高三个阶段的工作,达到"群众满意工程"的要求。2013年4月,开展党的群众路线教育实践活动,抓好学习传达、制度完善、贯彻落实、监督检查、领导示范、教育载体、联系群众7个方面工作,弘扬"三老四严"优良作风,把握为人民服务宗旨,强化务实工作作风,树立清廉干部形象,用教育实践活动巩固和发展各项工作成果。2015年4月,开展"三严三实"专题教育,认真组织专题学习研讨,召开专题民主生活会和组织生活会,抓好整改落实和立规执纪,把严的标准、严的措施、严的纪律贯穿专题教育的全过程,唤醒传统意识,回归严实作风,增强推进各项工作的内在动力。2016年2月,开展"两学一做"学习教育,认真落实集中学习、个人自学、辅导讲座、脱产培训、研讨交流"五位一体"政治理论学习方式,拓宽党员受教育渠道,提升党员队伍综合素质,引导广大党员进一步增强党性、践行宗旨、砥砺品行、遵章守纪,在生产、工作、学习和社会生活中充分发挥先锋模范作用。2019年9月,开展"不忘初心、牢记使命"主题教育,把深入学习贯彻习近平新时代中国特色社会主义思想作为首要政治任务,推行学习计划到人、分解任务到天、组织运行到点的"三到"组织运行模式,往深里走、往实里走、往心里走,抓实理论武装、调查研究、检视整改,增强"四个意识",坚定"四个自信",做到"两个维护",强化听党话、跟党走的思想自觉和行动自觉。

加强思想建设,用"三老四严"的严实作风筑牢我为祖国献石油的理想信念。第一采油厂党委坚持用先进的理论武装党员干部,重点在提高理论素养、党性修养上下功夫,推动学习成果转化为对重大问题的正确认识,转化为干事创业的过硬本领。突出两级理论学习中心组引领作用,进一步完善《党委理论学习中心组学习制度》《年度中心组学习计划》,建立"八位一体"(纪实、制度、计划、资料、名单、通知、记录、考勤)集体学习档案。厂、矿两级领导班子坚持深入基层党建"三联"(党委委员联系党支部,党支部委员联系班组,党员联系生产经营岗位）责任示范点开展宣讲活动，有力推动上级精神进机关、进站队、进班组、进岗位。在固化党支部月度主题党日、党支部书记带头讲党课的基础上，各基层党支部创新运用"主题党日+""新媒体+"等载体，开设党课集中学、微信互动学、网页宣传学、答题竞赛学"四学课堂"，确保学习全覆盖。围绕宣传贯彻上级精神、深化企业改革、推进振兴发展等形势任务，层层开展"形势、目标、任务、责任"主题教育，成立宣讲团，召开主题宣讲会，下发宣讲提纲，充分利用传统宣传手段、网络资源和新媒体途径开展系列宣传，教育引导广大干部员工充分认清当前面临的形势任务。基层党支部利用座谈讨论会、培训会、员工大会、班前会等方式组织宣讲，做到讲清当前形势、明确目标任务、基层广泛覆盖、全员入脑入心，把形势目标任务责任宣讲传递到每名员工。加强大庆精神铁人精神及会战优良传统再学习再教育，深化大庆精神铁人精神再学习再教育再实践，明确"大学习""大教育""大对标""大整改""大服务""大提升"六项推进载体，依托"三老四严"发源地中四队、岗位责任制发源地北二注水站、"四个一样"发源地5-65井组等厂会战传统教育基地，通过现场观摩学习、重温会战传统史等教育形式，让大庆精神铁人精神及会战优良传统融入干部员工的灵魂与血液。组织干部员工收听收看"石油魂"宣讲，认真参与大庆精神铁人精神及会战优良传统知识测试。开展"支部书记上好一堂党课""员工讲好传统故事"等教育活动，通过"忆传统、学精神、做标杆、立新功"主题教育和"我身边的榜样"图片故事展等丰富载体，大力加强大庆精神铁人精神及会战优良传统的再学习再教育，努力把好的传统、严的要求、实的作风树立起来、发扬光大。

　　加强组织建设，用"三老四严"的严实作风打造坚强有力、攻坚克难的战斗堡垒。第一采油厂党委贯彻党要管党、从严治党方针，把抓规范性工作和创新性工作结合起来，切实提升党建工作质量，增强基本组织凝聚力、基本队伍战斗力、基本制度生命力。全面夯实基本组织。以

提升组织力为重点,突出政治功能,制定《党支部达标升级管理办法》,逐项明确内容标准、评价细则,落实达标晋级管理机制,推动基层党支部建设全面上水平;认真落实《中国共产党支部工作条例(试行)》,编印《基层党支部工作规范》,为基层党支部落实党建工作提供基本规范;严格执行"三会一课""组织生活会""民主评议党员"等党内基本制度,做到制度有要求、支部有执行,上级有部署、支部有落实;持续开展党支部达标晋级管理,推进基层党支部标准化、示范化建设,培养选树50个示范化党支部。全面建强基本队伍。建立开放式党员培训师资库,分层分类开展党支部书记全员轮训和党员培训,切实提高党员教育培训工作质量;加强党务干部培训力度,建立"基层党建实务共建区",以"区域共建"为载体,搭建组织工作学习交流平台,提升党建业务专项能力;强化党支部书记队伍建设,实施公开选拔,开展能力评测,注重把"三懂三会三过硬"(懂党务、懂业务、懂管理;会解读政策、会疏导思想、会总结经验;政治过硬、作风过硬、廉洁过硬)的优秀党员干部选拔到基层支部书记岗位;严把新发展党员"质量关",着力解决党员空白班组问题;探索推广党员积分管理,广泛开展党员先锋岗、党员责任区、党员效益工程等创先争优活动和"我身边的榜样"党员岗位讲述,引导党员亮身份、做示范。全面健全基本制度。制定《党建工作责任制实施细则》,深入开展党建工作责任制考核评价,对基层党组织年度落实党建工作责任制情况进行多维度评价,分级应用考评结果,强化党建工作责任。对照党内基本制度和上级党组织有关要求,修订完善议事决策、请示汇报、组织生活、发展党员、党员教育管理、党费收缴使用、党内表彰激励、党组织工作经费管理等基层党建制度,将党员教育管理抓在日常,严在经常,充分发挥党支部的战斗堡垒作用和党员的先锋模范作用。

加强作风建设,用"三老四严"的严实作风培育迎难而上、勇担重任的过硬队伍。第一采油厂党委持续加强党的作风建设,全面落实从严治党要求，营造良好的政治生态。深入抓好各级班子作风建设。建立民主议事恳谈会制度，第一采油厂领导班子面对面听取基层干部员工的意见建议，使决策更加贴近基层、贴近生产、贴近实际。建立干部"五跟班"制度，要求干部在员工思想波动点、质量管理关键点、技术操作复杂点、安全生产要害点、节能降耗重要点等工作节点，进行跟班工作，解决具体问题。强化机关作风建设。发扬"三个面向，五到现场"优良传统，培育两级机关服务文化，建立机关干部基层联系点制度，推行首问负责制、限时办结制、公开承诺制，深入基层，改进作风，强化服务意识，发挥表率作用，树立机关干部良好形象。抓好风险防范。贯彻落实中央八项规定精神，制定《进一步贯彻落实中央八项规定精神实施办法》等规章制度，针对重大节日假日、特殊关键时期，建立下发一个通知、进行一次谈话、签订一份承诺书的"三个一"制度。推进专项治理。按照上级要求，抓好"四风"（形式主义、官僚主义、享乐主义和奢靡之风）问题和"三公"（公务用车、公务用房、公务接待）问题治理，开展管理人员及其亲属违规经商办企业情况、领导干部利用特产类特殊资源谋求私利、群众身边腐败及作风问题、工程建设项目违规转包挂靠及违法分包等专项治理。巩固作风建设成果。制定《领导班子廉洁自律"八严八不准"规定》《九项要求》等制度，构建干部作风建设常态化机制。制定《第一采油厂党委关于解决形式主义突出问题为基层减负的三十条规定》，从精简文件材料、严格会议管理、规范检查考核、改进调查研究等方面做出明确要求，为基层减轻负担。

　　加强纪律建设，用"三老四严"的严实作风巩固不敢腐、不能腐、不想腐的防线堤坝。第一采油厂党委始终坚持严在挺纪在前、实在靶向纠治，严格教育管理，加强制度规范与监督约束，引导广大干部、党员自觉守底线、拒红线、远离高压线，积极营造遵法守法、依规合规的良好氛围。抓好党委主体责任和纪委监督责任落实，坚持把政治纪律和政治规矩挺在前面，组织领导班子专题学习反腐倡廉建设相关内容，深化

教育筑廉问德、制度管廉问责、个人述廉问绩、单位示廉问事、群众评廉问品、组织考廉问效的"六廉六问"机制，建设风清气正的班子、廉洁勤政的队伍。持续加强厂务公开和党务公开，制定实施《党务公开制度》，严格执行"三重一大"（重大决策、重要人事任免、重大项目安排和大额度资金使用）制度，推动了依法治企、合规管理进程。健全完善"两个责任"落实的制度和工作机制，坚持纪严于法、纪在法前，实现问廉述廉常态化；坚持执纪问责、双向监督，实现监督检查常态化；坚持抓早抓小、动辄则咎，实现专项整治常态化；坚持教育为主、经验共享，开展"五廉七进"（开卷读廉、纪法管廉、案例警廉、会前学廉、文化育廉，廉洁承诺进班子、廉洁课堂进支部、廉洁分享进会议、廉洁征文进班组、风险排查进岗位、监督监察进项目、助廉协议进家庭）党风教育活动，举办"警企携手筑防线"主题宣讲，做到党纪、政纪、法纪教育不断线，实现党风廉政警示教育常态化；持续抓好合规管理，深入开展专项监察、合规监督，做好廉洁风险排查，规范管理行为，堵塞

严格规范管理的井场

管理漏洞,维护企业利益,发挥用制度管事、用制度管权、用制度管人的作用。

第一采油厂先后获得全国文明单位、中国石油创建"四好"班子先进集体、黑龙江省劳动关系和谐企业标兵单位等荣誉,培育了一批以全国创先争优先进基层党组织中十六联合站、全国工人先锋号中四采油队为代表的先进集体。

(六)用"三老四严"精神育文化

文化是战斗力,文化是凝聚力,文化是生产力。无论是在气势恢宏的石油大会战中,还是在油田持续稳产的进程中,抑或在振兴发展的新征程中,"三老四严"始终是第一采油厂的文化之魂,激励着一厂人乘风破浪,奋力远航。第一采油厂的发展史,就是一部以"三老四严"优良作风引领企业发展的传承史。

在艰苦卓绝的创业年代,一厂人培育了"三老四严"优良作风,使

永远做油田精品的中十六联合站外景

之成为大庆精神的重要组成部分。进入 21 世纪，第一采油厂牢牢把握优秀传统文化的延展主脉，追求文化的继承性与发展性、传统性与创新性的有机统一，确立了"三老四严，永创一流"核心理念，培育体现时代特征的企业文化。

"三老四严"既是一种严细认真的工作标准，更是员工自觉形成的价值取向，体现了制度约束与行为自觉的有机统一；"永创一流"体现了全厂员工不懈追求的精神风貌，是第一采油厂历史文化积淀形成的精神品格，是企业可持续发展需要的时代精神。在"三老四严，永创一流"核心理念的统领下，衍化出了新时期的发展理念、经营理念、管理理念、人才理念、技术理念，实现了行为文化丰富拓展。注重发挥文化的塑造功能，提高员工职业素养，规范员工从业行为。在行为文化上，培育形成了以"共振智慧，协力超越"为内容的技术团队行为文化，以"精于细心，显于细处，情于细微"为内容的操作层细节行为文化；在环境文化上，培育形成了以"表层物质环境、中层制度环境、深层人文环境"为内容的矿（大队）机关"三层"环境文化，以"自然环境景点型、人文环境家庭型、发展环境学习型"为内容的生产班组"三型"环

第一采油厂第四届企业文化建设成果发布会

境文化,以"人人精心、事事精细、项项精优"为内容的"精优"现场文化等,通过以文化人,提智塑行,优化管理行为,提升管理水平,激活发展动力。

新时期,第一采油厂不断加快文化大厂建设,大力弘扬"三老四严"优良传统,制定实施了《第一采油厂推进文化大厂建设指导意见》(以下简称《意见》)。全厂各单位以《意见》为指导,带领干部员工掀起了弘扬优秀传统文化,发展企业先进文化,深化理论研究,完善文化体系,推动实践创新的热潮。针对生产一线点多、面广、战线长,交替上岗、野外工作的特点,采油矿等生产单位全面加强小型、流动的一线文化阵地建设,在基层站队设立"文化墙",站区道路两旁设立简报板、宣传栏。同时,充分利用电视、报纸、班车、手机等宣传阵地,加大企业文化宣传力度,提高员工素质,规范员工行为,增强干好工作的责任意识和进取动力,使"三老四严"成为员工的文化自觉。通过将"三老四严"企业文化扩展到厂属各基层单位,推进"企业文化在基层"活动,注重文化渗透,促进文化养成,突出文化特征,提炼文化精髓,培育了一批符合自身实际、富有"三老四严"特征的基层站队文化,使"三老四严"企业文化建设遍地开花、争奇斗艳。

一排排井架耸入云霄

三、"三老四严"在大庆油田的传播弘扬

2007年中国石油天然气集团公司领导干部会议，把大庆会战形成的优良作风概括为七个方面，即"两论"起家、"两分法"前进是大庆油田的基本功；"三老四严""四个一样"是石油职工过硬作风的集中体现；"五条要求"是石油职工的行为规范；"三个面向，五到现场"是领导机关工作的基本指导思想；岗位责任制是大庆油田最基本的管理制度；三基工作是大庆油田加强基层建设的基本经验；抓生产从思想入手，抓思想从生产出发是大庆油田抓思想政治工作的基本方法。大庆油田开发建设实践培育的"三老四严"优良作风促进了油田各项事业蓬勃发展。

（一）丰富大庆精神内涵

中国共产党经过几十年的浴血奋战，团结带领中国人民完成新民主主义革命，同时也形成了伟大的革命精神。新中国成立后，中国共产党团结带领全国人民在"一穷二白"的基础上建设社会主义，自力更生、艰苦奋斗成为社会主义建设时期民族精神的突出表现。20世纪60年代初期，国内三年困难时期、国外技术封锁，大庆石油会战正是在困难的时期、困难的地方、困难的条件下开展的。大庆石油人下定为国家争光、为民族争气的决心，继承和发扬党的优良传统，学习解放军的经验，在实践中不断培养，逐步形成大庆精神。大庆精神的主要内容是"爱国、创业、求实、奉献"，具体来说就是为国争光、为民族争气的爱国主义精神；独立自主、自力更生的艰苦创业精神；讲究科学、"三老四严"的求实精神；胸怀全局、为国分忧的奉献精神。大庆精神是中华民族精神的重要组成部分，"三老四严"是大庆精神的重要组成部分，体现了广大石油工人对党和人民无限忠诚，对革命事业极端负责的态度。

"三老四严"讲的是老实做人，诚实做事，它传承了中华优秀传统文化的优秀基因，丰富了大庆精神的重要内涵，成了企业和职工的基本规范。石油开采系统是一个看不见、摸不着的"隐蔽工程"。如果不尊重客观规律，没有严肃的科学态度，是无法实现高效优质开发的。基于这样的认识，会战一开始，大庆会战工委就把尊重科学、讲究科学作为一条重要原则贯彻到整个石油会战中，并坚持不懈。在1960年4月9日第一次油田技术座谈会上，就总结了过去因地下情况不清使油田开发受影响的教训，提出搞好油田开发必须立足于对地下情况的清楚认识，狠抓第一性资料。石油工业部部长余秋里在专题发言中强调："搞油，必须了解'敌情'，重视地下，狠抓第一性资料。我们搞油的，侦察和进攻的对象是地下油层。必须把地下情况侦察得清清楚楚，有半点马虎都不行。这不是一般的工作，而是对人民的事业负责，是坚持唯物论、坚持辩证法的问题。"从那时开始，油田一直把取全取准第一性资料作为一项重要工作来抓。其中，提取岩心，通过化验分析及综合研究对比，确定地层岩性、地层构造情况以及油、气藏情况，是最重要的第一性资料。大庆石油会战以来，广大职工坚持把高度的革命精神与严格的科学态度结合起来，对地下情况大搞调查研究。据1963年统计，共钻井取岩心1304米，壁取岩心14500颗。每口井都电测15至18条曲线，共测线2万多米，测压力4万多次。对这些原始资料作过5万个岩样分析，165万次分析化验，1744万次地层对比。通过这些艰苦、扎实的工作，真正掌握了油田地下动态的变化及油层的种种情况，为作出正确的决策、部署提供了齐全、准确、可靠的第一性资料。大庆石油人还始终坚持实践第一。油田投入开发以后，面对这样一个大油田、好油田，如何审慎地开发设计，力求效果更好一点儿，不犯不可改正的错误，会战领导一方面组织专人调查国外同类油田的情况，借鉴他们的经验教训；另一方面作出了开辟生产试验区的决策。即在油田中区选择一块具有一定代表性的区块（数十平方千米），把各种可能采用的开发方案，都放在这里进行试验生产。通过典型试验，解剖"麻雀"，揭露矛

盾,掌握油田开采规律。与此同时,号召"人人办地质",提出了"石油工作者岗位在地下,斗争对象是油层"。纵观大庆油田开发建设历程,"三老四严"始终影响和激励着大庆石油人,不论在任何时候都脚踏实地、求真务实,推动大庆油田不断迈上新台阶,创出新水平,攀登新高峰。

在大庆油田振兴发展的新形势下,"三老四严"历经岁月洗礼而弥新,历尽千锤百炼而弥坚,成为新时代石油人悉心守护的精神高地。2016年6月,习近平总书记作出重要批示,大力弘扬以"苦干实干""三老四严"为核心的石油精神,充分肯定了大庆油田广大干部职工在实践中形成的"三老四严"优良作风。石油精神是石油战线核心竞争力和独特文化优势的集中体现,是激励石油人许党报国、奋勇前进的强劲动力。

(二)推动油田建设发展

在大庆油田发展的不同时期,无论是筚路蓝缕的创业年代、高产稳产时期,还是振兴发展新阶段,"三老四严"都起到了非常重要的作用,大庆石油人始终脚踏实地,埋头苦干,为国家作出了高水平贡献。

聚合物配制站投产

大庆油田在开发建设实践活动中,以马克思主义的世界观方法论为指导,既紧密联系油田生产实际能动地认识油层,又通过实践能动地改造油层,不断地探索地下奥秘,掌握油田开采的客观规律,改进和完善油田开发技术。大庆油田开发迄今,经历了无水期、低含水期、中含水期、高含水期、特高含水期五个阶段。每个时期的科研工作都是发扬了"三老四严"的作风。根据不同时期的地下情况,进行超前研究,从而保证了每个阶段都能及时研发出与之相适应的配套开发技术,形成了"研究一代、应用一代、储备一代"和"超前15年储备,超前10年攻关,超前5年配套"的优良传统,保证了各个时期原油生产目标的实现。大庆油田开发之初,油田处在不含水阶段,以较简单的开采技术即可获得较高的产量。开采一段时间后,压力开始下降,自喷能力减弱。广大技术人员同采油工人一起攻关,通过对大量实践的分析认识,迅速采用了注水技术,即用注水井把水打入地下,用水的压力推动砂岩中的原油加速流入油井。注水技术的实施以及在实践中不断完善,使油田得以继续保持稳产。这个时期的开采对象主要集中在较厚的主力油层。经过一个时期的注水后,主力油层的含水量大幅度提高,原油产量递减速度重新加快。于是,大庆人又把挖潜的目光投向较薄的油层,通过在一个区域内大量增加钻井密度,以井网的方式分层开采,使上上下下几乎全部油层都动用起来,加快出油。同时将自喷开采转为机械抽油,从而把产量又接替了上去。经过多年的高效开发,大庆油田已经进入"双特高"开采阶段,后备资源不足,开发难度增大。2003年,大庆油田原油产量首次调至5000万吨以下,这给一直追求高产稳产、具有强烈使命感的大庆石油人带来前所未有的压力。面对世界级难题,开发系统从地下油层实际出发,大力发展水聚两驱综合调整技术,推广应用水平井开发技术,使老油田含水上升和产量递减得到有效控制,外围低效难采储量动用步伐不断加快,油田采收率持续攀升,继续保持石油和天然气产量当量4000万吨以上。油田广大科技人员始终保持"三老四严"的

优良作风和严谨的科学态度,加快自主创新步伐。勘探开发研究院科技人员不迷信权威、不服输、敢较真,历经3年时间,进行了3500多次试验、2100多次修改,终于研制出了具有自主知识产权的表面活性剂,改变了过去大庆油田化学驱油用的表面活性剂完全依赖进口的情况。经过工业性矿场试验,仅一个开发区块就节约1.47亿元。正是广大科技人员发扬"超越权威、超越前人、超越自我"的"三超"精神,攻坚克难,使油田开发核心主导技术发挥了科技第一生产力的巨大作用,石油探明储量从油田发现之初的22.6亿吨逐步增长到65亿吨;主力油田采收率突破50%,正向60%乃至更高目标迈进。"三超"精神成为激励油田广大科研人员在三次采油领域中持续不断取得新突破和新进展的精神动力。

没有科学的理论,就没有科学的实践。"三老四严"是大庆油田的优良传统,也是保证企业科学发展的思想灵魂。60年来,在党中央、

实施集中化验管理模式

国务院的亲切关怀下，在几代石油人的共同奋斗下，大庆油田创造了举世瞩目的历史成就，建成了我国最大的石油生产基地，开发技术三次荣获国家科技进步特等奖。实现年产原油5000万吨以上27年高产稳产，4000万吨以上12年持续稳产。截至2019年底，累计生产原油24.03亿吨、天然气1365.45亿立方米，上缴税费及各种资金2.9万亿元。

（三）培育石油特色文化

企业文化是企业成员共同的价值观念和行为规范。通俗地讲，企业文化就是每一名员工都明白怎样做是对企业有利的，而且都自愿自觉地这样做，久而久之便形成了一种习惯；再经过一定时间的积淀，成为人们头脑中一种牢固的"观念"。这种观念一旦形成，会约束人的行为，逐渐以规章制度、道德公允的形式成为所有员工的行为规范。孕育培养先进的企业文化，是石油人从胜利走向胜利的重要保障。

石油企业文化是石油人在勘探、开发、建设与发展过程中约定俗成的一种共识，是在长期的发展过程中得到人们认可与遵守的行为规范与道德准则，反映了石油人在建设石油工业过程中形成的精神风貌，并成为教育、约束、凝聚、激励百万石油人的强大精神动力。"三老四严"作为一种理念文化、行为文化，产生于石油大会战的特殊时期，反映了当时国家对企业的本质要求，折射出人的精神对恶劣环境的超越。它所蕴含的求实精神和严细态度的精神内核，对石油文化的塑造和发展起到了不可估量的推动引领作用，成为石油文化之魂。

"三老四严"表现为"严"的文化表象。"严"就是办事要严肃认真，对待一切工作，都不马虎、不凑合；做什么事要有一个规范，干就干好，干得漂亮，干出样来。"严"就是对一切工作都要有一个高标准，不"降格以求"，不满足现有水平，一旦出现了差错，决不姑息纵容。把严格要求建立在对员工队伍耐心教育、启发觉悟的基础上，使员工认清"严"是对党、对国家、对人民、对企业高度负责的表现，从而

"严"出干劲,"严"出责任心,"严"出高标准。1964年1月16日,油建指挥部总机厂工区600多人,冒着零下30多摄氏度的严寒,召开现场会。原因是10根10米长的钢筋混凝土大梁比规定的质量标准宽了5毫米。5毫米,宽不过一个韭菜叶,一根大梁不是精密仪器,不会影响日常使用。但是这个单位领导认为好作风必须从小处培养,只有抓住这5毫米微不足道的小问题,才能防微杜渐,避免发生大问题。会上,干部、工程技术人员和工人,抄榔头、扁铲,拿起磨石、砖头,把大梁上宽出5毫米的地方,铲掉,磨光。他们说:"咱们要彻底铲掉磨掉的,不只是5毫米的混凝土,而是马马虎虎、凑凑合合的坏作风!"类似这样的事例举不胜举。取心少取1厘米,油井资料相差零点几,录取砂样丢了标准层,都要推倒重来或开个现场会,严肃地进行批评教育。"干工作要经得起子孙万代检查""为油田负责一辈子",大庆石油人通过教育和启发将严格要求变成一种人人遵守的行为规范。

"三老四严"表现为"细"的文化行为。"细"既是一种缜密思考的习惯,又是一种严肃认真的态度,包含了仔细、详细、周密的内涵。具体体现在油田工作中,"细"字就是摒弃"大家大业,大手大脚"思想,用科学的管理和严肃的态度,从点滴抓起,从小事做起,锱铢必较、斤两必争、分毫必算,人人养成精工细作、精打细算的好习惯,确保企业各项工作的高质量发展。在建立现代企业制度的过程中,大庆油田坚持在继承中创新,注重制度管理与严细思想的结合,形成了一系列文化理念,促进了基层管理水平的提升。如在安全管理上,将细致入微的观念融入安全工作中,形成了"一切事故都是可以避免的"新理念,建立了一批安全文化示范基

五毫米见精神

地，完善了460多个安全生产管理流程、15类1033个操作标准，切实通过创新安全文化促进管理规范，以管理规范促进作风养成。第一采油厂第三油矿中十六联合站把"永远做油田精品"的管理理念融入生产管理、安全环保、队伍建设等方方面面。在中十六联人心中，没有过得去，必须过得硬。上百台设备，上万个管理点，无数次的操作，只要有一次，有一点点不精雕细刻，对中十六联人来说，都不是精品，他们就是要做到项项操作到极致。全站91台机泵、2179个阀门、9000多米管线没有一丝渗漏，台台设备达到红旗标准。西水源是大庆油田的第一座水源，在发展历程中，始终坚持养成教育，践行"岗位责任制的灵魂是岗位责任心"的理念，始终做到"三个永不忘、三个永不丢"，即工作环境改善了，不忘会战传统，严细认真的传统永不丢；生活水平提高了，不忘"干打垒"精神，勤俭节约的传统永不丢；油田发展了，不忘艰苦创业历程，为油拼搏的传统永不丢，实现成立以来安全生产无事故。

"三老四严"表现为"实"的文化内核。"实"就是坚持实事求是、脚踏实地，做到说实情、出实招、办实事、求实效，一切从实际出发，尊重客观规律，以咬定目标不放松的劲头，担当尽责、全力以赴。

60年来，大庆油田广大干部员工以科学求实的意识，科学求实的管理，科学求实的操作，把高度觉悟体现在高度敬业上，把严细成风的企业文化体现在大量日常工作上，真正将"三老四严"外化于行，内化于心，创出一项又一项高标准。大庆处于高寒地区，原油又具有含蜡高、凝固点高的特性，运输原油需要加温。如果原油温度过低，在运输途中就可能凝结在油罐车里；如果温度太高，又会造成不必要的浪费。为了弄

万里测油温

清冬季铁路油罐车在运输途中原油温度的变化情况，确定油库合理的加热温度，从1961年12月7日到1962年3月12日，大庆油田设计院助理技术员蔡升和实习员张孔法，在大雪纷飞、北风呼啸的严冬里，跟着运输原油的列车测温。从大庆到大连，往返五个来回，行程一万多里，他们怀抱温度计，身揣窝窝头，每小时就要探身车厢外测温一次，每停一次车测一次油温，在严冬中奋战了3个多月，共测大气温度800多次，风速600多次，取得油温变化数据1400多个，掌握了原油运输途中油温的变化规律，为解决原油运输问题提供了第一手科学数据，保证了大庆原油的安全外运。

"三老四严"已经被广泛运用、渗透到石油行业的各个领域，并被发展创新为符合自身需要、具有自身特点的企业文化模式，成为企业生产经营管理的重要推动力量。

（四）筑牢基层发展基础

基层是油田开发生产、企业经营管理的基本单元，基础工作是产量效益、安全环保的基本支撑。"三老四严"作风来源于实践，来源于生产，来源于基层。"三老四严"优良传统为加强三基工作筑牢了思想根基，提供了实践标准，激发了干部员工的干事创业激情。

强化基础建设的现场管理

建立基础管理制度。岗位责任制是大庆油田扎实开展基础管理工作的根与魂。从 1962 年一把火烧出的岗位责任制，到如今的"两册""三化"管理，大庆油田坚持夯实基础管理、推动高质量发展的行动从未停歇。60 年来，大庆油田坚持以岗位责任制大检查为管理落实手段，先后开展岗检 106 次，使岗位责任制日益深入人心，并于 2003 年起将岗位责任制大检查作为日常工作，使岗位责任制得到了有效落实；把责任心培养作为思想落实的有效手段，通过发挥先进典型的示范引领作用、运用"抓生产从思想入手，抓思想从生产出发"等工作方法，让岗位责任制成为广大干部员工的自觉遵循。

创新基础管理方法。创新发展，是新时期对基础管理提出的必然要求。随着管理内容增多、信息技术发展、市场领域扩大，企业发展内外部环境更加复杂，基础管理的重要性更加凸显。善于继承，才能善于创新；创新发展，才能历久弥新。大庆油田将基础管理作为油田振兴发展固本强基阶段的重要内容，积极创新，探索实践，推行"两册"管理，编制《基层队（站）管理手册》和《基层队（站）岗位标准化操作手册》，激发基层管理活力，促进基层管理水平不断提升。实施"三化"管理，把标准化、专业化、信息化作为落实岗位责任制的深化措施和推动岗位责任制提质、提效、提速的重要手段，稳步推进，使岗位责任制执行更简约、更规范、更高效。实施标准化管理，使采油系统实现了维护方式由纯人工、凭经验向机械化、电动化的转变，大大降低了高处坠落、机械伤害和触电风险，提高工作效率 5 至 8 倍；实施专业化管理，打破了"大而全、小而全"的业务运行模式，提取不同业务单元中的相同工序，实施专业化的工序归集和流程归并，合并同类项，共享"公因子"；实施信息化管理，使采油队实现了数据自动采集、报表自动上传、注水量远程调控、站场无人值守，进一步夯实管理根基，创新释放活力。

拓展基础管理内涵。2018 年 10 月 23 日，中国石油天然气集团有

限公司基础管理工作会议在大庆油田召开，与会人员对岗位责任制发源地北二注水站、采油九厂"两册"管理、采油四厂流程优化、采油工程研究院采油工程方案设计标准化、采油三厂二矿采油201工区油气生产物联网系统应用等九个现场参观点的岗位责任制标准化、专业化、信息化工作给予了高度评价。大庆油田为岗位责任制管理构建了新的载体，为基础工作赋予了新的时代内涵，使油田的基础工作展现出新的活力，为企业高质量发展打造了新优势。

（五）锻造过硬员工队伍

员工是企业最活跃的组成要素，是企业生存发展的根本。员工队伍作风的好坏，不仅影响工作效率，还决定了企业发展的走向。"五毫米见精神""事不过夜""严在针尖上、细在发丝上""三个面向，五到现场"，这些都是大庆石油人的一种态度、一种作风，更是"三老四严"队伍的精神底色。

岗位员工冒雨调整密封填料松紧

会战年代,广大石油人把战天斗地、舍我其谁的革命壮志,转化为严细求实、一丝不苟的优良作风,成为夺取石油大会战胜利的内生动力。好作风如同人的思想一样,看不见、摸不着。但是一旦被广大群众掌握,人人都养成好作风,就会转化为强大的力量。从开发建设之初,大庆油田就高度重视员工队伍的作风建设,对日常工作标准高、要求严,关键时刻冲得上、打得赢,令行禁止、步调一致,并设定了标准,这个标准就是以"严、细、准、狠"为中心的"三老四严"。石油工人立足本岗位,鼓足干劲,艰苦奋斗,不图安逸,不怕困难;埋头苦干,少说多做,一切从生产实际出发,不脱产或利用生产间隙进行技术知识学习和基本功训练,干什么学什么,缺什么补什么,努力掌握本岗位工作所需要的理论知识和操作技能。在"三老四严"作风的影响下,会战职工队伍雷厉风行,闻令而动。不管打什么硬仗、恶仗,都拖不垮、打不烂;不管到什么地方,都不皱眉头、腿不软;不管是一个队、一个班组还是一个人,不管是单独执行任务还是集体行动,全都不打折扣、整

岗位员工冒雪巡井

齐划一。老一辈石油工人事事讲作风,时时讲作风,人人讲作风,处处讲作风,不怕难,不怕苦,说干就干,干就干好,埋头做"笨"事、"傻"事,在各方面条件比较困难的情况下,创出了油田管理的高水平。广大干部发扬"为革命练一身硬功夫、真本事"的科学求实精神,严格执行制度,严细认真、扎扎实实地干工作,当好先锋,做好表率,赢得信赖。当时,严格管理蔚然成风,干部严抓严管,工人自觉从严,"铁人填井""捞岩心""万里测温""推倒重来"等,都是"三老四严"的真实写照。

进入新时期,"三老四严"仍然是队伍建设的有力武器,是大庆队伍最本质、最基本的鲜明特征。大庆油田大力倡导"三老四严"和"人人出手过得硬,事事做到规格化,项项工程质量全优,台台在用设备完好,处处注意勤俭节约"的"五条要求",使之成为员工队伍的工作标准和行为规范。通过把"三老四严"教育渗透到日常工作中,提高广大干部员工严格执行制度的责任心和自觉性,督促其认真履行岗位职责,想实事,干实活,保质保量完成工作任务,形成自觉从严的良好工作氛围;通过把"三老四严"渗透到企业日常生产中,引导干部职工珍惜"三老四严"传家宝,牢固树立"为油田负责一辈子"的价值追求,强化"干工作要经得起子孙万代检查"的责任感,始终把"宁要一个过得硬,不要九十九个过得去"作为检验工作质量的严格标准,规范约束员工日常行为,用"三老"树人,靠"四严"立业;通过把"三老四严"渗透到经营管理中,要求干部要善于驾驭、勇于负责,创造性开展工作,对待职工群众,动真情,讲实话,办实事,情为民所系,权为民所用,利为民所谋,永葆先进性。大庆油田不断深化大庆精神铁人精神再学习再教育再实践,淬炼了一支"三老四严"队伍。从铁人王进喜、"新时期铁人"王启民,到"大庆新铁人"李新民,尽管事迹有所不同,但精神一脉相承,在他们身上集中体现了对事业的高度忠诚,对石油的无比热爱,对工作的认真负责。随着"走出去"步伐的加快,在企业外拓市场中，大庆的特色技术、施工质量、管理水平，特别是重实干、肯吃苦、讲信誉的精神，得到了资源国、合作方的广泛认可和高度评价，以实际行动赢得了合作方的认可，与 BP、壳牌等国际石油大公司，包括知名的技术服务公司，建立了合作伙伴关系，企业对外交流日益频繁，不仅赢得了市场，而且叫响了大庆品牌，树立了大庆形象，提升了大庆油田的知名度、美誉度和市场影响力，诠释了新时期"三老四严"的深刻内涵。

多年来，在"三老四严"优良作风的滋养下，无论是原油稳产、扭亏解困还是走向海外，无论面临多大的矛盾和挑战，大庆油田员工队伍始终保持高昂的士气、顽强的作风和务实的态度，把每一个方案、每一项措施、每一项工作，都真抓实干、落到实处，为推动企业发展作出了积极贡献。

第四章
"三老四严"的传承

"三老四严"优良传统是大庆石油人的传家之宝,是立业之本、力量之源,也是抓基层、带队伍的独特优势。新时代继承和发扬"三老四严"优良传统,重在教育,重在建设,重在坚持不懈。面对大庆油田发展新形势、社会环境新变化、员工思想日益多元化的实际,第一采油厂党委紧紧把握"三老四严"精神主脉,将传统性与创新性相融合,通过多种多样的形式载体,教育干部员工始终树牢"我为祖国献石油"的执着信念,始终践行"永做'三老四严'传人"的精神品质,把"三老四严"的严实要求体现在具体工作的方方面面,形成了丰富多彩、各具特色的典型经验,实现了与中心工作的互相融入、互相促进。

一、坚持"三老四严"铸魂,在思想教育上"出实招"

在新形势下,第一采油厂利用多种形式宣传教育,把"三老四严"优良传统传承好、发扬好,在教育的感染升华中锤炼品格,把"三老四严"的作风内涵、精神追求、价值塑造、理念传承、历史责任充实到员工思想工作中,真正发挥"三老四严"育人铸魂作用。

(一)开展"'三老四严'立身,原油稳产立功"主题实践活动,塑造为油奉献的价值取向

"三老四严"优良作风是被广泛认可并自愿共同遵循、自觉维护

的行为指南，为企业发展提供强大的智力支持、思想保障和精神动力。2014年，第一采油厂党委立足传承弘扬"三老四严"优良传统，在全厂范围内开展"'三老四严'立身，原油稳产立功"主题实践活动，"'三老四严'立身"，即立实事求是之身，立自觉求严之身，立艰苦奋斗之身；"原油稳产立功"，即立科技创新之功、管理提升之功、效益开发之功。这一决定是第一采油厂党委在新时期新形势下，弘扬优良传统推进发展实践的现实举措、特色做法。"'三老四严'立身"讲的是做人，"原油稳产立功"讲的是做事。"'三老四严'立身"是"原油稳产立功"的前提和基础，"原油稳产立功"是"'三老四严'立身"的目的和结果，只有坚持"'三老四严'立身"，才能达到"原油稳产立功"。全厂上下把"双立"活动作为高举红旗、严抓作风的重要之举，用"三老四严"的作风要求确保各项工作走在前列。一是立实事求是之身。在上情下传、下情上达上"讲实话"，领导干部在开展调查研究上"求实情"，岗位员工在取全取准第一手资料上"做实功"，大兴务实之风，干实事、求实效、出实绩。二是立自觉求严之身。坚持严字当头干工作，精益求精创水平；坚持高标准，出手过得硬，培养雷厉风行，说干就干，干就干好的工作习惯；切实用"制度管起来"，遵守各项规章制度，形成严格自律、严守纪律的良好风气。三是立艰苦奋斗之身。大兴艰苦奋斗之风，秉承会战时期艰苦创业"六个传家宝"优良传统（人拉肩扛精神、干打垒精神、五把铁锹闹革命精神、缝补厂精神、回收站精神、修旧利废精神），在战胜困难中不断进步，在迎接挑战中坚定前行；大兴勤俭节约之风，完善生产、经营、管理相关制度，自觉养成厉行节约的好习惯。四是立科技创新之功。牢固树立"科技是第一生产力"的思想，靠基础性技术研究摸清规律，靠战略性技术研究铸强优势，靠适用性技术研究创新创效；加强核心人才培养，加强技术人才储备，始终保持科技队伍的生机活力；推广先进经验，激励创新实践，尊重员工群众的首创精神，以科技兴发展，支撑稳产新格局。五是立管理

提升之功。加强顶层设计，立足大局、注重传承、着眼长远；固化"管理创造卓越"的意识，夯实三基工作，加强以岗位责任制为核心的制度建设和制度管理；强化管理责任落实，推进绩效考核机制，进一步促进管理规范化、运行有序化。六是立效益开发之功。坚持"一切围绕效益转"，各单位、各系统发挥主观能动性，搭平台、抓管理、出实效，让"'三老四严'立身，原油稳产立功"主题实践活动真正成为夺油上产的重要举措。全厂万名干部员工积极投身活动，用传承优良传统的实际行动为"三老四严"做出新的时代诠释。全厂各单位紧密结合自身发展形势、工作情况和员工队伍实际，创新活动载体，突出实践特色，通过制定活动方案，明确思路目标，广泛组织动员，实施分类指导，典型引领带动，考核评价问效等方法，把主题实践活动成果转化为完成各项目标任务的具体效果，促进了以原油生产为中心的各项任务的全面完成。

岗位员工正在查看压力表

（二）总结"观听讲谈唱写演展"八字传统教育法，培育永做传人的责任担当

"三老四严"体现了第一采油厂干部员工不懈追求的精神风貌，是终身受益的宝贵精神财富。在几十年的坚持与传承中，第一采油厂坚持

把继承发扬"三老四严"传统作为筑牢干部员工思想根基的第一课，使优良传统代代相传、历久弥新，成了做人的准则，做事的标准。在大庆油田发展新时期，积极探索优良传统与全新宣教方式的结合点，持续抓好大庆精神铁人精神和"三老四严"传统教育，总结形成"观听讲谈唱写演展"八字传统教育法，通过全方位、全过程的教育方式，培养珍惜荣誉的意识，形成捍卫荣誉的共识，固化争创荣誉的自觉，人人做"三老四严"传人。"观"——组织干部员工参观油田历史陈列馆、铁人纪念馆等传统教育基地（感受油田艰苦创业历程，了解油田发展历史脉络，增强干部员工弘扬传统的责任感），新建"三老四严"传统教育室（通过丰富的陈展内容、新颖的陈展方式，系统展示"三老四严"优良作风的培育、继承和发展过程）；"听"——请"四老"（老领导、老标兵、老会战、老工人）讲"四史"（石油发展史、油田会战史、单位创业史、个人成长史），在感受与体悟中增强干部员工弘扬传统的使命感；"讲"——开展"传统故事大家讲"活动，"放大镜照钢丝""血染镐把战严冬"等故事在员工中引起共鸣；"谈"——开展"'三老四严'永不过时""弘扬传统人人有责"等主题大讨论，人人开口谈体会、说想法；"唱"——创作反映中四队精神的歌曲《身在四队做传人》，每天早会唱响，精神饱满地投入新一天的工作；"写"——挖掘干部员工发扬"三老四严"的闪光点，汇编形成《新时期"三老四严"故事集》，用身边事教育身边人；"演"——自编自演新时期"三老四严"故事剧，拍摄《油田红苹果》短视频，使"三老四严"焕发时代光彩；"展"——建立"英模墙"，宣传展示英模先进事迹，发挥先进典型示范引领作用，培育人人争做"三老四严"传人的浓厚氛围。通过灵活多样、行之有效的载体，使"三老四严"入耳入脑、入言入行，成为一种习惯素养、一种行为遵循、一种优秀品格。2016年6月22日，中央电视台《朝闻天下》栏目纪念中国共产党成立95周年系列报道"我们的好传统"，专题介绍了"三老四严"优良作风。

（三）创新企业文化"四到"模式，提升爱企如家的思想认知

"三老四严"是中华民族优秀文化传统在石油企业典型、生动的实践结晶，是文化软实力的突出体现。在新时期，发挥企业文化特有的教育、引导、凝聚和激励功能，就要把"三老四严"作为企业文化的核心，注入新的文化因子，不断拓宽企业文化传播渠道，推进企业文化与生产经营管理深度融合。第一采油厂立足"三老四严"优良传统，从服务基层员工、融入基层管理、激发基层活力出发，创新实施文化理念到小队、安全文化到岗位、企业新闻到班车、基层动态到个人的企业文化"四到"模式，推进企业文化融入生产经营管理的各个环节，提高员工对企业的认知度。一是文化理念到小队，紧密围绕各基层队发展定位，培育形成核心理念，并在核心理念的指引下，不断培育、提炼、细化理念体系及支撑理念体系的工作方法，使企业文化与提升生产经营管理、加快基层建设、提高队伍素质相融合，真正转化成看得见、摸得着、做得到的工作标准，成为行为习惯和文化自觉。近年来，培育形成了中十六联合站"永远做油田精品"、北一采油队"过渡带上立标杆"等一系列具有代表性的企业文化建设先进典型。二是安全文化到岗位，把加强安全文化建设作为提升安全管理水平、促进安全生产的重要途径，提高全员安全生产意识和风险防范能力，促进员工"凡事想安全、行动要安全、全力保安全"的习惯养成。丰富活动载体，定期举办安全文化书画展、安全巡回演讲等主题活动，以员工喜闻乐见的文化宣传形式，传播安全文化。强化班组安全文化建设，落实安全"目视化"管理，规范生产岗位、工作环境的安全标识、风险提示板和安全警示语，时刻提醒员工珍惜生命、标准操作。三是企业新闻到班车，以厂内新闻、形势教育、安全警示教育等内容为主，制作视频新闻在班车上播放，使员工及时了解企业动态，传递发展声音，在搭建信息咨讯平台的同时，丰富文化传播的形式和内容。四是基层动态到个人，运用新媒体"及时性、互动性、共享性"的特点，建立"文化新视野"微信公众号，变逐级传达

为信息直通，以图文并茂的形式，第一时间将基层动态传递给员工。通过推行企业文化"四到"模式，使企业文化更好地贴近实际、贴近基层、贴近员工，使广大干部员工人人都知道、人人都理解、人人都参与企业文化建设，以文化建设新成就推进各项工作新发展。第一采油厂先后荣获中国企业文化建设先进单位、企业文化顶层设计与基层践行优秀单位等荣誉称号。

二、坚持"三老四严"固本，在基层党建上"做实功"

第一采油厂始终坚持用"三老四严"抓党建，提升党建质量，加强基层建设，切实发挥政治优势，用高质量党建推动高质量发展。

（一）创新党建协作区模式，强化党建引领的服务保证

企业党建工作的成效，最终要体现在完成生产经营任务、破解发展难题上。"三老四严"是我们党重视基层建设的生动展现。新时期，用"三老四严"严实作风抓党建、提质量，就要坚持"围绕生产抓党建，抓好党建促生产"，找准党建工作与中心工作的切入点和结合点。随着大庆油田发展，基建项目增多，施工领域一些管理薄弱环节也显现出来。施工项目建设往往涉及多方参与，施工人员流动性大，各方自成体系，标准不统一，造成队伍管理难；HSE监管不易到位，安全管控难；沟通协调环节多，工期保证难。为了更好地实现党建与生产经营同频共振，借鉴"支部建在连上"优良传统，在项目上建立党建协作区，创新实施"一区两部三化"管理模式，"一区"即成立党建协作区，"两部"即下设共建党支部、联合项目部，主要成员由属地、施工和监理单位组成，"三化"即对项目实施一体化组织、标准化管理、智能化运行。党建协作区坚持"融入思想、融合行动、融通平台、融汇力量"的四融原则，落实联席会议、早晚碰头、主题党日、"2+1"考核（"2"即共建

党支部活动通报和联合项目部工作通报;"1"即党建协作区月度奖金考核公报)、承包商安全管理、分包商及外雇工安全管理六项制度,实现了基建项目党建与生产的深度融合,努力打造安全、优质、高效精品工程。自党建协作区模式推行以来,扩大了党的组织、党的工作和党员作用覆盖面,增强了基层党组织的凝聚力、战斗力;项目建设成本和安全风险得到有效管控,施工效率和质量效益明显提升;探索了一条抓基层打基础、强党建筑堡垒的新途径,丰富了基础管理体系,形成"组织共建、党员共管、资源共享、工作共担"的局面。2019年5月24日,大庆油田党委在第一采油厂第五油矿南Ⅰ-1联合站召开南Ⅰ-1项目党建协作区现场会。2019年7月4日,中国石油天然气集团有限公司领导到南Ⅰ-1联合站调研。党建协作区"一区两部三化"经验在全油田进行推广。

南Ⅰ-1项目党建协作区现场会

(二)推行党支部"分类定级",打造特色鲜明的党建品牌

"三老四严"严了还要更严的标准与全面加强党的建设高度契合。用"三老四严"严实思想、严实精神、严实作风全面加强基层党的建设,就要把严的要求亮出来,把严的标准立起来,把严的措施推下去。

第一采油厂党委把"三老四严"与全面加强基层党的建设深度融合，依据党中央"五好"（领导班子好、党员队伍好、工作机制好、工作业绩好、群众反映好）党支部标准、中国石油天然气集团有限公司创建"六个一"（选配一个好书记、建设一个好班子、带出一支好队伍、完善一套好制度、建立一套好机制、创造一流好业绩）党支部要求和大庆油田有限责任公司《基层党支部分类定级考评细则》，制定出台《基层党支部分类定级管理办法》，设定9大类49小项考核指标，年度进行考核分类定级，根据得分情况，将基层党支部划分为四个级别：综合得分在90分以上的为优秀，80~89分为良好，60~79分为达标，60分以下为未达标。以制度形式将党建工作任务、工作标准、工作机制纳入企业管理体系，为基层党支部落实党建工作提供制度标准和工作标尺。发扬基层首创精神，按照"示范变规范、标杆变标准、方法变模式、经验变特色"的工作思路，以建设品牌型、示范性、创新型基层党组织为目标，实施"立标—对标—创标"闭环管理，一方面选树基层党建示范单位，做好巩固提升和创新发展工作，使典型过得硬、叫得响、立得住，定期组织党员干部现场学习观摩，查摆差距，制定措施，补齐短板；另一方面，发现、挖掘基础工作扎实、党员作风过硬、工作业绩突出的先进党支部，确立标杆选树对象，总结新经验，推广新成果，培育具有创造性、先进性、发展性的新基层党建样板，着力打造一批"三老四严"党建品牌。截至2019年底，标准化、示范化党支部占全厂党支部的54%，比例不断提升。

（三）实施党员责任区"一单三卡"管理，树立勇站排头的先锋形象

"三老四严"是党员修身做人的基本遵循，干事创业的行为准则。其中，"严"是党从严执纪的要求，也是对党员党性修养的要求。"实"表现为实事求是的思想路线，也表现为苦干实干的求实精神。在传承

"三老四严"过程中,党员要带头践行严实作风,当先锋、做表率。第一采油厂党委积极探索建立促进党员发挥先锋模范作用的工作机制,结合党员岗位职责,建立党员责任区,对党员日常教育管理内容和标准进行细化和量化,实行党员"一单三卡"表单式管理,"一单"即《党员责任区工作任务单》,"三卡"即《党员责任区群众意见建议卡》《群众评价责任区党员卡》《责任区党员点评反馈卡》,通过细化内容、量化评价、动态管理,形成了一套"内有动力、外有压力"的党员管理长效机制。一是用"工作任务单"明确党员责任。党支部结合党员的个人特长、能力强弱、工作性质等方面,指定党员承包一定的工作区域,承担落实上级精神、单位重点工作和做好群众思想工作等工作。每季度初,党支部根据工作重点,给每名党员发《党员责任区工作任务单》。工作任务采取个人提、组织帮、大家议的形式,由党员本人根据责任区生产经营管理、安全稳定、员工队伍建设以及思想政治工作等提出目标,经党小组、党支部审查把关,党员会议讨论后,以"工作任务单"的形式下达给党员,一人一单,在公开栏公开,接受群众监督。二是用"意见建议卡"掌握群众诉求。党员在落实责任区工作任务过程中,负责收集员工群众的意见建议,填写《党员责任区群众意见建议卡》上报党支部,党支部将群众反映的问题提交支委会或支委扩大会讨论研究。能够立即解决的问题,立即给予解决;不能够立即解决的,向党员群众说明情况;一时把握不准的,向上级有关部门请示后,及时给予答复;对不能办理或与政策法规相违背的,耐心细致做好解释工作,确保员工群众反映的意见建议,件件有着落、事事有回音。三是用"群众评价卡"定格党员形象。每季度末,党支部给每名群众发一张《群众评价责任区党员卡》,对党员责任区发挥作用情况进行测评打分,评比结果在"党员责任区'一单三卡'评比激励榜"上张榜公布。同时,把考核评比结果与党员评先选优挂钩,与绩效考核挂钩,与民主评议党员挂钩。四是用"点评反馈卡"帮助进步提高。党支部书记根据党员述职情况、责任区群众评议情况、党支部平时掌握的情况，对每一名党员在责任区的工作表现进行点评，逐一填写《责任区党员点评反馈卡》，肯定成绩，指出不足和下一季度努力方向，反馈给党员本人，形成了"比学赶超"的浓厚氛围。通过不断深化"一单三卡"的管理，促进党员在责任区中做好群众工作，维护群众利益，接受群众监督，帮助群众排忧解难，激发党员的内在动力，发挥了党员先锋模范作用。

三、坚持"三老四严"强基，在企业管理上"创实绩"

第一采油厂始终坚持将"三老四严"的优良作风，体现在抓基层全面提升、破解开发瓶颈、解决生产难题等方方面面，做就做精，干就干好，让每一项工作都经得起实践的检验，用工作的优异成效展现队伍履职尽责的时代风貌。

（一）实施三基工作达标升级，营造自我超越的向上氛围

三基工作（加强以党支部建设为核心的基层建设，以岗位责任制为中心的基础工作，以岗位练兵为主要内容的基本功训练）是大庆油田加强基层建设的基本经验，是大庆精神的实践成果，是推进企业发展的重要基础。随着时代的发展，三基工作在"三老四严"的引领下不断丰富创新，其时代特质和企业特色更加凸显。第一采油厂始终以"三老四严"的标准加强三基工作，构建三基工作达标升级"三个模式"，推动全厂基层建设上水平。一是实施固本强基工程，构建整体集中提升的典型引领模式。以推广普及先进水平为抓手，深入开展"举旗帜、立标杆、创一流、上水平"主题活动，坚持抓住"瞄准先进赶先进"对标提升、"高举旗帜立标杆"学习讨论、"对标管理补短板"查找问题、"提升创标上水平"整改提升，把标杆单位的高标准、严要求贯穿到三基工作提升的全领域、全过程。二是实施分类定级管理，构建逐级滚

动提升的达标晋级模式。制定实施《基层队三基工作达标升级管理办法》，将小队级单位划分为标杆队、先进队、达标队、未达标队四个级别，一级瞄准一级、一级赶超一级，循序渐进推动三基工作提档升级。在达标队方面，明确"五有"基本条件。即有能够带领员工群众完成各项生产经营任务的领导班子，有能够适应改革发展和生产实际需要的员工队伍，有行之有效的管理制度，有较好的生产经营管理业绩，有利于生产、方便生活、整洁优美的工作生活环境。在先进队方面，明确"六好"基本条件。即在达标队基础上，达到党支部建设好、领导班子好、队伍素质好、基础工作好、文化氛围好、经营管理好。在标杆队方面，明确"三过硬"基本条件。即在先进队基础上，达到队伍过硬、管理过硬、指标过硬。在定性评价的基础上，定量考评，细化了166项采油队指标样本及152项联合站指标样本，制定《基层队分类分级达标考评标准》《综合管理指标评分标准》《经济技术指标评分标准》等一系列考评体系，实行严考核硬兑现，使基层单位对标有载体、提升有抓手、逐级上水平。全厂各单位结合实际制定达标晋级方案，做好分类施策，设定基层队达标升级评定标准及程序，实现了精准提升、精准达标、精准晋级。三是推进两级帮扶机制，构建双向联动提升的精准对标模式。针对全厂基层建设水平不均衡等问题，确立厂、矿两级班子成员"三联"责任示范点，为每名党委班子成员确定两个基层联系单位，明确了调查研究、帮扶指导、加强服务、推广示范4项包保责任；制定《第一采油厂机关党群部室基层联系点工作运行方案》，组织厂机关党群部室干部与65个基层队结对挂钩，每名干部承包1个先进队、1个薄弱队，帮助先进队总结经验、激励创新，帮助薄弱队找准短板、对标提升。通过固化厂领导班子、厂机关部门两级联系服务基层机制，实现了对基层单位帮扶提升与基层单位自我提升的有效结合。各单位对好标、量好尺，把经验变制度、示范变规范、标杆变标准，一以贯之抓提升，持之以恒抓创标，以典型引导和标杆示范带动整体推进，形成了标杆岗位、标杆团队竞相呈现、比学赶超的良好局面。

（二）做强"七项工程"，肩负持续稳产的主力重任

"三老四严"体现了科学求实、推动发展的本质内涵，落实到油田开发中，就是要靠"三老四严"作保证，扎扎实实挖潜力，踏踏实实保稳产。面对大庆油田"当好标杆旗帜、建设百年油田"的奋斗目标，第一采油厂尊重地下实际，遵循客观规律，认真分析研判，积极挖掘潜力，抓住油田开发主要矛盾，做强油田开发"七项工程"，即地质研究强化工程、水驱控水提效工程、三采提质增效工程、措施增油创效工程、套损综合防治工程、注水质量提升工程、信息支撑提档工程，推动开发工作由"精细"向"精准"转变。一是实施地质研究强化工程，争做精准油藏认知的标杆。在地下再认识、找准剩余油上下功夫，以建立剩余油在三维空间的准确展布为最终目标，深入开展精确构造刻画、精细储层描述、精准剩余油分析为重点的油藏描述工作，实现技术集成化、过程自动化、结果定量化，不断提高剩余油认识精度，为深化油藏开发提供有力指导。二是实施水驱控水提效工程，争做老区效益开发的标杆。在控含水、控递减上下功夫，以控水提效示范区为引领，不断发展精细注水技术系列，通过完善注采关系、优化结构调整、强化专项治理，稳步恢复地层能量，控制低效无效注采，提高薄差油层动用，有效开发剩余储量，努力实现注采速度、含水上升、产量递减合理控制，持续巩固水驱主导地位。三是实施三采提质增效工程，争做挑战"四最"（最小尺度的个性化设计、最及时有效的跟踪调整、最大限度地提高采收率、最佳的经济效果）极限的标杆。在扩大波及体积、提升驱油效率上下功夫，坚持方案设计最优化、跟踪调整定量化、配注管理专业化的开发模式，深化对标管理，攻关配套技术，构建全过程技术体系和管理体系，系统提升质量效率。四是实施套损综合防治工程，争做科学防治

套损的标杆。在强意识、建机制、抓执行、重管控、控增量、减存量上下功夫,坚持"预防为主、防治结合",强化防控意识,落实套保规定,攻关防治技术,稳步调整压力系统,尽快扭转套损频发的不利局面。五是实施措施增油创效工程,争做精细措施挖潜的标杆。在优化工作量、提高措施效果效益上下功夫,探索总结以方案设计、队伍组织、作业施工、现场监督、跟踪评价为内容的措施运行体系,提高措施增油补产能力。六是实施注水质量提升工程,争做优质高效注水的标杆。在注好水、注准水、注有效水上下功夫,以"改善指标、优质注入"为指引,统筹把控站库、干线、井筒、地层的注水系统全过程,进一步改善注入水质、优化地质方案、提高管柱质量、加强基础管理。七是实施信息支撑提档工程,争做智慧油田建设的标杆。在数据共享、智能管控上下功夫,突出数据网络化、存储云端化、操作可视化、办公无纸化、分析智能化目标,搞好顶层设计,超前技术研发,优化配套设施,推进信息化与科技创新、经营管理、生产运行、风险防控的深度融合,贯穿全过程、覆盖全业务。"七项工程"中,地质研究强化工程是实施精准开发的基本依托;水驱控水提效工程、三采提质增效工程、措施增油创效工

第一采油厂办公大楼俯瞰图

程是实施精准开发的核心内容;套损综合防治工程、注水质量提升工程是实施精准开发的重中之重;信息支撑提档工程是实施精准开发的有力助推。实施"七项工程"是落实油田发展战略,担当稳产主力重任的必由之路,是破解开发瓶颈矛盾,做强精准开发战略的重要举措,是推进开发良性循环,实施滚动开发规划的强力保障。实施以来取得了显著成效,全面改善了开发形势,进一步夯实了稳产基础。

(三)建立"七班两库"专业化修旧模式,倡导全员节约的精细管理

"三老四严"诞生于条件艰苦的会战时期,是"自力更生,艰苦奋斗"精神的集中体现。在新时期发扬"三老四严",就要牢固树立过苦日子、紧日子的思想,提升全员"保质量、提效率、控成本"的意识,深挖创新创效潜力。随着管理规模不断扩大,修旧空间不断增大,给修旧管理模式提出了新的要求。传统的修旧分散管理模式存在着修旧人员分散,工作量不均衡,维修工具和设备重复配置,利用率较低,造成人力、物力资源浪费等问题。第一采油厂针对这些问题,打破分散管理模式,整合维修班组和修旧资源,以采油矿为单位,实施修旧班组集中管理模式,建立"七班两库",即组建汽车修理班、机械加工班、电动机修理班、机采维修班、泵修班、低压电器修理班、仪表维修班以及收旧库、修复库,形成了废旧物资从源头到消耗点、由小队交与领,修理班修与验,材料库收、存、发的闭合管理流程,实现修旧管理的高效运作。制定《"七班两库"管理流程》和《修旧利废考核办法》,强化"收修存发"四个环节控制。在"收"上,将用坏的物资定期上交材料库,材料管理人员按大类建立交旧台账,再按照可修件与不可修件分类进行存放和保管;在"修"上,由修旧班定期到收旧库领取待修件,建立修旧台账,并设置专职质量检验员,对修复件进行质量合格检验;在"存"上,将废旧物资放入收旧库,修后检验合格的物资放入修复库,

发放的修复件按原物资价格的一定比例对基层单位进行内部成本核算；在"发"上，严格执行交旧领新制，修复后可再利用的物资由材料库统一管理和发放，并建立物资发放台账。为了使废旧物资回收与修理、保存与发放更加透明化，建立了网络查询系统，将各类台账、报表以及修旧情况录入上网，使小队能够迅速查清交旧、修旧及发放情况。通过确定修旧班规模，清晰管理流程，完善配套制度，实现了高效管理，提升了全员节约意识，取得了可观的经济效益。

20世纪70年代开展修旧利废活动

（四）探索"231"岗检法，展现优良传统的时代特色

制度的落实既要靠强制性的检查考核，也要靠思想上的自觉。"三老四严"是各项制度落实的基础。岗位责任制诞生于第一采油厂，从创立之日起，就成为大庆油田企业管理的重要内容，在提高大庆油田整体管理水平和保证油田持续发展中，发挥了不可替代的作用。新时期，第一采油厂不断赋予岗位责任制新内涵，积极探索新时期岗检新方法，培育全员高度岗位责任心，把好传统、好做法、好经验与现代企业管理有机结合起来，以"两册"为依据，以强化执行为核心，以基层岗位为

重点，大力推进以"两检、三查、一整改"为内容的"231"岗检法。"两检"就是干部周三岗检巡检日、基层月末岗检自检日，是岗检的方式；"三查"就是岗位查执行、管理查漏洞、全员查作风，是岗检的内容；"一整改"就是对岗检查出的问题进行全过程跟踪整改，是岗检的效果。在每年围绕"全年重点工作、管理重要环节、安全重大问题"集中进行一次岗检的基础上，构建检查常态化、组织自主化、内容体系化、方式简约化和运行信息化的岗位责任制大检查体系。一是用"两检"明确岗检的方式。设立周三干部岗检巡检日，矿领导、矿机关干部和矿工艺队具有管理职能岗位人员，每周三下基层、进岗位、见员工，检查"两册"管理和日常生产管理任务落实情况；设立基层月末岗检自检日，每月的18—20日3天时间，由基层小队自行组织，以班组为基本单元，组织员工对当月执行"两册"情况进行检查、总结、讲评、考核，找不足、补漏洞、搞整改。二是用"三查"突出岗检的内容。岗位查执行，即立足岗位，查"两册"中的各项制度和要求执行的标准高不高，执行规不规范，执行到不到位；管理查漏洞，即针对"两册"执行

岗位员工正在录取数据

过程中出现的各种问题,反推管理存在的漏洞,通过改进完善加强管理,提高管理水平和制度执行力;全员查作风,即要求干部员工对照会战传统查找自身不足。三是做到"一整改"强化岗检的效果。始终把岗检作为一面镜子、一把尺子,将"发现问题、加强管理、改进作风"作为一条主线,在明确职责、强化要求的基础上,建立岗检管理平台,机关管理人员将发现的问题、原因分析和整改方案录入平台,平台将信息自动通报给基层队,基层队针对问题制定相应的整改措施、整改时限和责任人,按期整改回复,实现直击问题本身,直达整改责任人,直至销项整改完毕,有效解决生产管理过程中出现的各类问题,有针对性地修订管理制度和操作规定,达到促进管理水平持续提升的目的。通过实施"231"岗检法,实现了岗检与生产管理全方位覆盖、全过程融合、全员性参与,持续发挥岗检在日常管理中的作用,促进基础管理更简约、更规范、更高效。2020年5月,"231"岗检法在大庆油田有限责任公司2019年度新时代岗检总结表彰视频会上做经验介绍。

(五)推行风险辨识"两环五控",养成自觉从严的行为习惯

以"三老四严"优良作风抓好安全工作,坚持事事高起点,处处过得硬,时时严要求,把安全红线意识、底线思维落实到生产经营的各个环节和每个岗位,做到全员"想安全"、全员"重安全"、全员"管安全"。第一采油厂为提高全员风险防控能力,实现对事故的预防和生产作业的全过程控制,从强化风险防控入手,创新实施风险辨识"两环五控"。"两环"是"风险辨识环"和"风险控制环","风险辨识环"就是员工从"在家中、上班途中、工作中、下班途中、回到家中"进行风险辨识,使风险防控由"小家"融入"大家",由抽象到直观,由工作8小时延伸到全天24小时,形成风险"家—家"全过程闭环管理;"风险控制环"就是从行为、操作、设备、管理、环境五个方面(或环节)进行风险辨识控制。"五控"是通过行为风险控制、操作风险控制、设备

风险控制、管理风险控制、环境风险控制，实行全方位、立体式管控。在落实过程中，制定《风险辨识记录本》，深化全员写风险活动，规范写风险行为，覆盖面达到100%。建立《风险辨识防控库》，总结固化辨识风险和消减措施，使管理过程受控、风险预警明确、控制措施清晰。编制《风险分级防控记录手册》，将HSE管理制度、操作项目、操作规程、检查规范四个方面进行细化分解，查找危害因素，通过评价分析，制定防控措施，实现风险辨识专家化、风险评估专业化。将风险辨识与操作标准相结合，编制《风险辨识"两环五控"法培训手册》，分批、分层次培训岗位员工标准化操作，极大提升员工识风险、控风险、消风险能力，实现安全工作由被动管理向主动防控迈进。开展"传承'三老四严'，风险管理我先行"主题活动，以"风险辨识为了谁"为主题，开展全员安全大讨论、反思和演讲活动，活化风险辨识形式，全面倡导"责任心，要安全；真功夫，会安全；好形象，我安全；好习惯，能安全"的自我管理理念，真正练就发现隐患、识别风险、保障自身安全的真功夫，逐步实现由"要我安全"向"我要安全"的转变。2017年，风险辨识"两环五控法"在大庆油田进行推广。

员工正在用玻璃丝给设备做防腐保温

（六）构建"诚信作业"管理模式，展示重信守诺的忠诚本色

遵循诚信原则是企业与社会、企业与员工、员工与员工之间的桥梁，代表了一个企业的品牌和形象，"三老四严"恰恰体现了诚实守信的工作态度，是构建"诚信作业"管理模式的题中之意。新时期，构建以诚信为主要特征的管理模式，用诚信规范行为，提升企业核心竞争力，真正实现诚信经营管理，营造重信守诺的工作氛围。第一采油厂作为大庆油田主力大厂，原油生产任务重、责任大、困难多。经过半个多世纪的高效开发，已进入"双特高"开采阶段后期，开发矛盾叠加、技术难度增大，建设投资刚性增长，成本压力不断加大，加之近年来作业工作量持续攀升，作业队伍多、施工质量参差不齐，这些问题和矛盾制约着发展步伐。面对这种客观情况，推行诚信作业，提高施工质量，延长油水井生命周期，是提升施工水平、降低作业成本、提高经济效益的有效途径。在结合多年来开展质量管理经验做法的基础上，创新推行了

作业大队员工正在对油井进行大修

以提质提效为核心的诚信作业管理模式，通过"从思想入手，规范诚信行为，制定管理框架，明确诚信标准"的管理思路，落实自我约束、自我管理、自我检查、自我考核、自我处理、自我完善的"六个自我"管理措施，使诚信意识牢固树立，诚信举措落地生根，提升生产效率，固化员工行为，传播诚信文化，努力打造"叫得响、立得住"的诚信品牌。一是划定"三个绝不"底线：约束好方案执行，绝不偷减工序；约束好制度落实，绝不打折漏项；约束好操作规范，绝不违章作业，提高诚信作业的意识。二是抓好"三个重点"：高质量施工、高效率运行、高标准塑造，提升诚信作业品牌竞争力、诚信作业生产执行力、诚信作业队伍凝聚力。三是做好"三个明确"：检查点项、监督职能、整改措施，提升自我检查能力。四是做到"三个创新"：评比内容、晋级模式、配套机制，切实发挥考核评比的激励作用。五是明确"三个原则"：把隐患当事故处理，把苗头当问题处理，把敷衍当过失处理，不断提高隐患意识。六是坚持"三个做到"：工作反思常态化、精准对标长效化、建言献策全员化，充分调动全员力量。通过建立诚信作业管理模式，诚信行为逐渐养成，诚信品牌逐渐树立，质量效率持续向好，作业管理水平不断提高。

（七）探索全要素绩效考核评价体系，追求从严从实的业绩考核

"三老四严"落实在经营管理上，就是要精到一点一滴，算到一丝一毫，用考核的公平性、公正性实现科学量化评价。油田企业生产链条长、涉及工种多。科学的绩效考评，难点之一在于如何对不同工种、岗位的工作量进行科学量化评价。随着企业现代化进程不断推进，原有的考核模式已经不能满足需求，需要建立一套科学完备的绩效考核体系，量化评价各项关键要素，综合评价整体经营业绩，实现工作量与价值量、劳动与分配、管过程与管结果的集成统一。第一采油厂在以往考核实践基础上，借鉴油田企业经验，将"三老四严"科学求实的工作态

度运用到实际工作中,坚持"顶层设计、量化评价、价值主导、业绩至上"的原则,探索构建了全要素绩效考核评价体系,即年度考核与过程考核相结合,覆盖年、季、月三个考核周期;组织绩效与全员绩效相结合,覆盖厂、矿、队三个管理层级;定量指标与基础性管理相结合,覆盖所有管理要素和重点工作;系统评价与板块排名相结合,所有单位和部门全部参与,从而实现管理的精细化和考核的规范化,使精准激励成为助推发展的"增速器"。通过厂、矿、队三级绩效评价标准的建立,将组织目标逐级量化分解,经营压力层层传递,引导各单位加强关键管理要素的控制,使企业发展与员工愿景协调一致,解决了以往考核目的单一、绩效管理循环无法持续的问题,发挥了绩效考核的导向作用,促进各单位加强管理要素过程控制。通过检查考评机制的建立与规范,进一步明确了各级人员各个考核周期的管理重点、检查职责,引导各单位以问题为导向,强化制度执行落实,加强生产经营活动的过程控制,将以往的岗位责任制大检查融入月度、季度检查中,提高检查效果,促进规章制度执行落实。各系统通过修订指标内容和指标权重,推进本系统重点工作;矿(大队)对比分析排名情况,找准薄弱环节,推进专项管理;企管法规部通过考核平台实施检查,督促各部门履行考核职能;基层队对比分析员工工作业绩,为领导决策提供依据。通过创新考核评价规则,应用信息化手段,在厂、矿、队层面全面推广,实现了经营绩效的客观评价。

四、坚持"三老四严"塑形,在队伍建设上"求实效"

"三老四严"不仅是大庆油田优良传统的概括和升华,也是对干部员工队伍"敢打硬仗,勇创一流"作风的全面展示。多年来,第一采油厂坚持在继承优良传统的同时,用"三老四严"锤炼队伍、打造过硬形象,使"三老四严"成为队伍共同的行为准则。

（一）推进干部"五跟班"工作法，发挥领导干部的示范作用

干部是发扬"三老四严"优良作风的倡导者、组织者，更是模范的实践者、传播者。"喊破嗓子，不如干出样子"，干部为人表率，好的作风就带起来了。一直以来，第一采油厂各级干部大力弘扬"三个面向，五到现场"等会战优良传统，推进干部"五跟班"工作法，即在"员工思想波动点、质量管理关键点、操作技术复杂点、安全生产要害点、节能降耗重要点"五个重要节点进行跟班，实行领导干部包片帮管理、机关干部包队帮上产、基层干部包班组帮生产，明确跟班责任，理顺管理流程，加强跟班考核。做到带着责任跟班，解决岗位需求务实事；带着问题跟班，了解生产情况解难事；带着感情跟班，解疑释惑做好事。使决策在一线形成、矛盾在一线化解、问题在一线解决、形象在一线树立。各级干部明确了"最该去的地方是现场、最该交的朋友是员工、最该做的事情是解决问题、最该获得的成就是实现发展"的思想，积极主动深入到生产岗位，深入到员工中，虚心听取意见，及时收集员工的各种意见和反映，认真做好员工的思想工作，进一步拉近了与员工的情感，在推进基层发展、化解群众矛盾、解决基层困难等"实战"锻炼中提高执行力。干部当好大庆精神传承人、持续发展带头人、职工群众贴心人，切实把"三老四严"作风体现在服务稳产、服务基层、服务员工的实际行动中。

（二）建立"六廉"机制，标定清白坦荡的职业操守

"三老四严"的内涵与廉洁自律的要求具有一致性。"三老四严"是党员干部廉洁自律的基石，"三老四严"强调的是方法和过程，廉洁自律体现的是目的和结果。弘扬"三老四严"，对于新形势下加强和改进党的建设、推进党风廉政建设具有十分重要的意义。为进一步加强党风廉政建设和反腐败工作，树立干部廉洁自律形象，第一采油厂建立了以"教育筑廉、制度管廉、个人述廉、单位示廉、群众评廉、组织考廉"

为主要内容的"六廉"机制,有效地增强了干部廉政建设的系统性、针对性和实效性。在教育筑廉上,开展理想信念、党的宗旨、法律法规、警示教育"四个教育",使干部自觉把住政治底线、道德底线、法纪底线。在制度管廉上,重点完善民主决策制度、党风廉政建设责任制、油品管理制度、物资管理制度等八项制度,减少和降低了在管理过程中违法违纪的概率。在个人述廉上,定期组织干部进行述廉,做到"七个讲清",即讲清党性、宗旨信念树得牢不牢;讲清职权范围内按制度办事公不公;讲清民主集中制执行得严不严;讲清遵章守纪行为正不正;讲清履行党风廉政建设责任制好不好;讲清工作作风实不实;讲清道德品质纯不纯。在单位示廉上,针对干部容易出现的问题,从九个方面制定了"干部示廉单",每名干部如实填写,党支部利用公开栏向全体员工公示。在群众评廉上,采取个别谈话、走访座谈等形式,定期对干部廉洁情况进行检查。在组织考廉上,每个季度由矿(大队)党委统一领导,按照遵守党纪政纪情况、员工评价情况、党性锻炼和修养情况等六个方面对干部进行考核。通过推行"六廉"机制,营造廉洁的视觉环境"清目"、廉洁的舆论环境"洗耳"、廉洁的亲情环境"静心"、廉洁的监督环境"正行"。

(三)创建"四型机关",树立服务基层的良好形象

发扬"三老四严"优良作风是加强和改进机关作风建设的现实需要。机关作为企业生产经营的指挥中枢和决策的参谋机构,在助推企业发展中居于至关重要的地位。为进一步发挥机关龙头作用,第一采油厂全面开展"四型机关"创建活动,即创建学习型、服务型、创新型、廉洁型机关,提升机关服务基层水平。一是建设学习型机关,做到学政治理论坚定理想信念,学业务知识做行家里手,学经营管理提高经营效益,建设高素质机关队伍。二是建设服务型机关,真正做到"把方便送下去,把麻烦揽上来"。经常性地深入基层站队、岗位,多听基层意见、

多给基层指导、多帮基层谋划、多为基层解决问题，做到服务基层"有思路、有措施、有热情、有典型、有经验"，推进基层建设上水平。三是建设创新型机关，做到围绕解决生产难题搞创新，围绕提高产量搞创新，围绕提高效益搞创新，并在"技术创新、方法创新、流程创新、工具创新、材料创新"上下功夫、求突破。四是建设廉洁型机关，做到以文化引领、践行《中国共产党廉洁自律准则》树高线，以案例警示、遵守《中国共产党纪律处分条例》守底线，以制度保障、管理合规不越线，做到"不违反党纪国法、不违反八项规定、不违反六大纪律、不瞒报重大事项、不以权谋取私利"，努力打造想干事、能干事、干成事、干净干事，有操守、有底线、有担当的党员干部队伍。为了确保"四型机关"建设取得成效，细化"四型机关"建设实施方案，把"四型机关"建设细化为4个方面19项考核指标，建立了定期情况汇报等相关制度，做到有安排、有内容、有检查、有考评。召开"四型机关"建设座谈会，广泛听取意见、建议。建立"基层联系点+安全承包点+分管业务"的服务基层机制，扎扎实实把服务基层落到实处，真正使基层的急、难、愁、盼问题得到快速解决。通过开展"四型机关"创建，机关人员下基层次数明显增多，为基层解决问题数量明显增多，服务基层的主动性自觉性明显增强。

（四）确立"百做不误"文化理念，培养全员过硬的技术能力

"三老四严"优良作风需要一支素质优良、技术精湛、作风过硬的铁人式队伍来延续。随着油田不断发展，生产工艺日趋复杂，岗位操作技术含量越来越高，对岗位工人提出了更高要求。老一辈会战职工坚持从生产实际出发，干什么学什么，缺什么补什么，练思想、练作风、练技术，学练结合，学以致用，迅速提升了技能水平，满足了油田开发建设的需要。并在岗位练兵的实践中，形成了"四懂三会"（懂性能、懂原理、懂结构、懂用途，会操作、会保养、会排除故障）以及"百问不

倒"等优良传统。适应大庆油田发展新形势,第一采油厂坚持在继承中延伸"百问不倒"的传统文化内涵,形成了"百做不误"的文化理念,使员工在"问"与"做"的实践中,全面提高理论知识和操作能力,实现了传统文化精华与现代企业管理的有机融合。"百问不倒"是实现"百做不误"的基础,"百做不误"是对能否真正做到"百问不倒"的检验,着眼提高员工的实际操作能力,引导员工做到把每一项工作、每一个环节的"不误"都变成对工作的一种自觉责任,既要培养员工过硬的技术能力,同时要求员工必须树立以岗位责任制为核心的严细的工作作风、勤勉的敬业精神和高度的责任感,确保工作零失误,保证以原油产量为中心的各项生产任务顺利完成。为了实现"百做不误",建立了以"百做不误"为核心内容的管理机制和配套的责任考核体系,使每个人都能用"百做不误"的理念约束自己的行为;建立了标准化运行机制,确定每项工作、每个环节的直接责任人、间接责任人和领导责任人,形成了上至领导、下至岗位员工的责任链;建立了目标管理和绩效考评相结合的奖金考核机制,实现严考核、硬兑现。"百做不误"促进了各项管理水平全面提升。

(五)实施"两型五级"导师带徒,延续薪火相传的优良作风

"三老四严"代代相传,靠的就是"严"传身教,既要传思想,也要传技术,更要传作风。开展导师带徒,是培养高超技能、良好作风、优秀品德员工的有力途径。几十年来,发展的要求在变,生产流程和技术手段在变,但是导师带徒这一传承培养模式的精髓始终没变。近年来,第一采油厂总结形成了"两型五级"导师带徒方法,即将青工分为技能型、创新型两类,从新入厂到初步掌握多岗技能,再到参与基层小队、矿(大队)、厂层面技术革新等五个级别,对青工进行分类培养。通过"两型五级"模式的建立,为青工学习成才提供了更多选择,特别是为已取得多岗操作证的青工发挥专长和提高青工创新能力搭建了

广阔平台。为了巩固培养效果,进一步优化师徒选配标准和日常跟踪考评机制,对师徒对子从意愿性结合到合同签订,实行全程跟踪管理。按照专业对口、师徒自愿的原则,为青工安排政治素质高、业务技术精、理论知识和实践经验丰富的师傅,由导师带徒活动领导小组对每一对师徒进行仔细审定,明确导师的专长和徒弟要培养的类型,严格把好师徒选配关。结合师徒所学专业、从事岗位、工作经历等实际情况和所在单位工作特点制定明确、细致的师徒职责,做到有章可循、有据可依,努力优化师徒资源组合。同时建立导师带徒写实簿和活动跟踪卡,通过查看活动记录资料和书面总结、举办座谈会、发放《导师带徒活动考核评分表》等方式,对导师带徒活动开展情况及成效进行监督与考评。开展"名师高徒助稳产,立足岗位做贡献"等活动,组织师徒共同开展生产难题技术攻关,在解决油田实际生产问题中增强了实际操作能力。师傅因材施教,把自己的经验、创新创效思维在徒弟身上延续,全力培养思想过得硬、技术叫得响的技术能手;徒弟苦练本领,立足一线,以岗位成才为目标,不断突破自我,使石油人的精湛技能、优秀作风代代相传。

"导师带徒"优秀成果展

（六）选树身边先进典型，形成比学赶超的争先意识

选树先进典型是传承"三老四严"优良作风、塑造过硬队伍的有力抓手。在不同历史时期，抓典型、树样板，营造"典型事迹大家学、典型带领大家干、典型标准成规范"的良好氛围，都是让优良传统不丢、进取精神不减，让"三老四严"更加人格化、生动化的有力手段。从20世纪60年代放大镜照钢丝的辛玉和、血染镐把战严冬的杨德福、制服"气老虎"的胡法莲，到新时期全国新长征突击手李文英、中国石油天然气集团公司铁人奖章获得者侯涛；从老标杆"三老四严"发源地中四采油队、岗位责任制发源地北二注水站到新典型"永远做油田精品"中十六联合站、"过渡带上立标杆"的北一采油队，先进典型层出不穷，新老典型交相辉映。一方面坚持让老标杆打下深烙印，通过多种教育形式，让耳熟能详的典型事、典型人更加深入人心，在回顾和重温中熏陶每名员工。另一方面坚持让新典型引领新风尚，从技术到管理、从前线到后线、从机关到基层、从干部到员工，多视角、全方位挖掘和选树各

选树先进典型

类先进典型，做到典型时时有、层层有、处处有。加大典型宣传力度，通过电视、网络、手机等多种媒体形式，对典型进行全方位、多角度宣传，放大典型影响力和辐射力；通过座谈讨论、报告演讲、现场交流等方式，组织先进典型面对面向员工介绍经验、宣讲事迹，让典型"亮"起来、"响"起来、"香"起来，实现以典型引导带队伍，以典型示范上水平，以典型激励促发展。

（七）推广"八清八必到"思想政治工作法，凝聚众志成城的发展合力

思想政治工作是大庆油田的政治优势，也是石油企业的管理优势。抓好思想政治工作，就要突出"三老四严"实的要素，摸清队伍实情，疏情导欲，答疑解惑，为员工办实事、解难事，务求取得实实在在的成效。自会战以来，第一采油厂始终发扬"抓生产从思想入手，抓思想从生产出发"的好传统，把深入细致的思想政治工作落实、落细、落到员工的心坎上。进入新时期，面对员工思想状况呈现多元化的特点，第一采油厂坚持用"三老四严"的高标准、严要求，不断探索思想政治工作新途径新办法，创新形成"八清八必到"思想政治工作法，即基层党支部书记对每名员工做到身体状况清、性格脾气清、特长爱好清、思想状况清、技能水平清、工作状态清、家庭情况清、社会交往清；生病住院必到、谈心家访必到、家庭纠纷必到、解决困难必到、节日慰问必到、婚丧大事必到、员工生育必到、买房搬家必到，将解决思想问题与解决实际问题相结合，做好一人一事的思想工作，及时帮助员工排忧解难。为推动"八清八必到"思想政治工作法的深化落实，建立完善了思想政治工作骨干队伍，在基层队挑选群众威信高、会做思想工作、责任心强的员工担任思想政治工作骨干，协助党支部做好思想政治工作。建立员工"八清"档案和"八必到"工作记录本，党支部对所开展的思想政治工作进行全过程跟踪记录，了解员工思想动态，对容易引发员工思想波

动的倾向性问题及时进行分析研究，做到及时发现和处理问题，把矛盾解决在萌芽状态。"八清八必到"思想政治工作法使思想政治工作实现了点的辐射、线的延伸、面的扩展，使基层支部掌握思想政治工作的主动权，增强了员工的归属感和队伍凝聚力，确保了员工队伍和谐稳定。2009年6月，中宣部集中调研采访中十六联合站时，"八清八必到"做法受到中央各大媒体充分肯定。

第五章
"三老四严"的故事

大庆石油会战以来,"三老四严"优良传统蔚然成风,产生了许多职工发扬"三老四严"的小故事。这些故事虽然都是平凡的小事,却体现了职工的高尚品质和爱国情怀,至今意蕴悠长、感人至深、回味无穷。

一、苦干实干篇

(一)血染镐把战严冬

1962年12月,天气很冷,中四队管的一口井投产,井场高低不平,相差一米多,除了有一个大泥浆坑外,还有五个大土包。井组的同志不怕严冬,不怕地冻,白天黑夜抡十字镐,拼着力气刨硬得像石头的冻土。井长杨德福干得太猛,手上震开了一道道裂口,鲜血把镐把都染红了。有的同志劝他说:"等春天化了冻再搞吧。"可杨德福同志却说:"那怎么行,干革命不能等,实现'五好'(油井管理好,产量、压力、油气比三稳定;资料管理好,全、准、活;分析好,措施好;全井清洁好;保温好)也不能等。为了实现井场规格化,就要有不怕流血的奉献精神。"杨德福井组就靠这一股子革命加拼命的精神,苦战一个月,刨了二百多立方米冻土,平整了井场,实现了井场规格化。

(二)夜守干线炉

1964年初的一天晚上,刮着大风,还着下大雪,由于风大气温太

低,个别油井出现了冻井问题,产量很不稳定。中四队队长辛玉和正发高烧,他想到5排干线加热炉烧的是天然气,容易被风吹灭,而且负责检查工作的是一名不太熟悉工作的新工人。尽管他浑身酸痛,一站起身就头晕目眩,但他还是毅然披上大衣,往干线炉跑去。当他跑到干线炉时,火苗被风吹的时大时小,随时都有刮灭的危险。他把身上的大衣脱下来,盖在加热炉的门上,自己则蹲在炉门口,一直守了一个多小时,手脚都冻僵了。后来工人巡回检查才发现了他,值班工人很受感动,哽咽着让辛玉和回去休息,但辛玉和仍坚持在加热炉守到半夜,直到风小了些,他才在值班工人的搀扶下回到住处休息。

(三)从小的工作做起

一次,中四队采油女工胡法莲发现一口井清蜡阀门轻微渗漏,几个小时才渗出一滴油,觉得这是一件小事,没当回事儿,当时正忙着给水套炉加水,把渗漏用擦布一擦就过去了。过了几天,清蜡阀门突然喷出油来,小问题成了大问题。这件事对胡法莲教育很深,使她认识到"小"和"大"是相互联系的,在一定条件下就要转化,"大"是由"小"发展起来的,是由"小"组成的,贯彻岗位责任制要从无数小事做起。以后,胡法莲工作处处从小事着手,坚定把岗位责任制执行好。

(四)不放过一点一滴

第三油矿矿长张景昆在一次工作检查中,发现杂草丛中油田早期报废的油水井和阀门没人管,心里很不是滋味。他想,我们不但要管好在用的设备,也要管好不能用的设备。随着老员工退休、工作人员更换、杂草的掩盖,已很少有人知道这些井和阀门的具体方位了。而设备在腐蚀,说不定哪天会泄油、漏气,这是危及安全和环境的巨大隐患啊。回到办公室后,他就与号称"活地图"的老地质师及新同志一起把所有报废井及阀门的情况调查一遍，共调查出 70 多口，然后专门起草了第三油矿报废井日常管理办法，把这部分井纳入了统一管理当中，定期巡回检查。同时制定出地面设备管理标准，打出防火道。他语重心长地说："今天谁管不重要，重要的是一直有人管。既然我们在三矿工作，这里的每一颗螺钉、每一个阀门，都是我们的管理内容。当领导的要从这些小事抓起，成就大事，最怕的就是大事抓不好，小事不去抓，这是我们的失职啊。"

（五）人拉肩扛运管线

在采油队，由于管线老化导致穿孔的情况不可避免。中四队一共有 625 条管线，其中服役超 20 年的就有 34 条。有段时间，2 号计量间集油管线经常穿孔，按计划排得 3 个月后才能换。时间就是产量！大伙儿一商量不等了，没设备咱就想点笨招，自己创造条件干。队长王一伦带着技术员和维修班扛着铁锹、背着探测仪，一米一米地找管线走向。由于下雨，有很长一段管线埋在沼泽里，有人就说，碰到水咱先绕着走，找到两头就能估个大概了。王队长说，大概可不行，一寸也不能绕，咱干啥都得符合"三老四严"这几个字。说完带头穿上了水衩，第一个蹚进了泥水中。仪器信号弱，他就带着大家拿锹挖，一米多深见了管线，旁边插上小旗，再埋回去。就这样一路走一路挖，从早上 9 点干到下午 4 点多，插了 900 多个小旗，管线走向一目了然。第二天，10 人组织的会战队伍清晨 5 点就沿着探好的路，边运管线边挖沟，遇到灌木丛，挖沟机进不去，车辆靠不上前，大家就动手挖，人拉肩扛运管线。维修班长任师傅痛风复发，一瘸一拐轻伤不下火线。90 后的小蔺中暑难受，背着大家吐了两回没吭声。就这样，仅用两天时间，每根重 300 多斤，总长 3.7 千米的管线全部就位。随后一周，大家又配合矿管焊班一起换完了所有的管线。中四队用一周劳动抢回了 3 个月时间，不仅抢出了将近 30 吨产量，而且节省了十多万元的施工费。

二、严细认真篇

（一）放大镜照钢丝

培养队伍严细作风，关键在于干部言传身教，而身教重于言教。中四队老队长辛玉和就是处处以身作则，带出了队伍的严细作风。无论哪口井换新的清蜡钢丝，辛玉和都要亲自盯在井上，拿着放大镜一寸一寸地检查钢丝有没有砂眼，一千多米钢丝全部检查合格后，才交给岗位工人使用。他常说："我们做任何一件工作，都得为人民负责。不认真检查钢丝，掉了刮蜡片，就会给国家造成很大的损失。"辛玉和处处严格要求，以身作则，严出了高标准，带领四队成为管井最好、队伍作风最过硬的战区"五好标兵采油队"，并培育了"高度觉悟、严细成风"的好作风。

（二）小洞不补，大洞尺五

徒工小孙清蜡时，没有检查刮蜡片是不是起到了井口就关清蜡阀门，结果把刮蜡片挤扁了。他没有向队里汇报，悄悄地领了一个新的换上，还让材料员帮他保密，被中四队队长辛玉和发现。辛玉和认为，"小洞不补，大洞尺五"，问题虽然出在工人身上，根子还在干部身上。为了用这件事教育全队职工，第二天就在小孙管的那口井召开了"事故分析现场会"。在大家的帮助下，小孙眼含热泪激动地表示，要把那个变了形的刮蜡片挂在自己管的井上，经常看一看，时刻不忘这个教训。辛玉和提出应该把那只变形的刮蜡片挂在队上，让全队干部工人天天看到、时时想到，说老实话，做老实事，严格要求自己，对每件事都有严肃的态度。

（三）误差七丝

一次，中四队工人刘国义校对二号油泵的泵轴，用千分表一量，误差七丝,要校对好泵轴必须要到距泵站五千米远的维修处。当时,外面正刮着大风,下着大雪。刘国义心想,算了,这样装上也可以用。但又一想,不行,干工作哪能对付,让设备带病运转怎么能对得起"高度觉悟"的称号,于是,他卸下泵轴扛在肩上,冒着风雪到维修处校对好了泵轴。看到正常运转的油泵,虽然自己被冻透了,但心里非常踏实。

(四)一颗螺丝钉

1965年1月的一天深夜,天气寒冷,上零点班的中四队工人黎邦友从井场回到值班房,手脚都冻麻了。就在这时,他发现闹钟上少了一颗豆粒大小的螺丝。"闹钟是量油、测气的工具,是采油工的武器,一个配件也不能丢啊!"想到这里,他立刻推门出来,在漆黑的夜里,冒着严寒,打着手电,回到井场上一遍一遍地寻找,浑身冻得直打颤,也没有找到。"难道真要把问题交给下一个班吗?"他想起了为了寻找一颗螺丝,把土一点儿一点儿筛过的老师傅……黎邦友再一次开始寻找,他半跪在管线旁,把管线下面的土都掏出来,在微弱的手电光下细细地扒拉。天快亮了,手脚冻麻了,终于找到了那颗豆粒大小的螺丝。

(五)一颗油珠

石油会战时期,一次,中四队工人李广志检查时,发现阀门下面的地上有一颗油珠,他反复检查阀门,没有渗漏,又把土挖开,发现土里有油。他记得铺设这条管线时,确实埋下了一些污油,可能是污油化了浸出来的吧。转念一想,会不会管线穿孔了呢?他把情况汇报给井长,两人商量后一致认为,干工作要像铁锤砸石头实打实,又要像枕头上绣花细中细,来不得半点含糊和粗心。于是两人一起来到井场,顶着初春刺骨的寒风和打在脸上的沙土,一段一段地挖管线,一直干了四个多小时,终于查出了油珠的来历,原来是管线穿孔渗出来的。

（六）一滴墨水

中四队工人高树臻在中三油站接班时,一不小心在流量计的卡片上滴了一滴墨水,这一滴墨水正好滴在下一班的空格里。虽然没有人看到这一切,而且这一滴墨水也不会对生产有什么影响,但当他想到了这一滴墨水不符合"三老四严"的传统,可能影响集体荣誉,立即向队党支部作了检讨。队党支部表扬了高树臻诚实做人的良好作风,号召大家学习他有错能改、忠诚坦白的工作作风。不久,他的同学王淑芝打扫机房的闸门池时,一不小心把温度计碰坏了。当时没有别人知道,但她想到了大庆人的作风,想到了高树臻是怎么对待一滴墨水的,就立即向师傅和党支部进行了检讨。从此,王淑芝工作更加严细,事事向老师傅们学习,标准向老师傅们看齐。

（七）严细认真保安全

中四队工人童见齐在巡回检查时,听到西丁6-5井抽油机运转声音不正常,根据声音判断出是尾轴出了毛病,便立即停机检查,果然发现尾轴向右窜出五毫米,他校正后没有开机。他想,尾轴右串的原因找不到,就不能从根本上杜绝事故隐患,于是他按制度用水平尺量抽油机底座和支架顶板的水平率,都符合安装要求。他不甘心,又爬到平衡块上,用米尺量抽油机两根连杆,终于发现两根连杆长度不等,左边的比右边的长两毫米,找到了尾轴右串原因。经过及时处理,避免了翻机事故的发生。

（八）一刷子漆

1976年9月下旬,中四队三井组要给八个井架的刷漆。一天下午正好刷完了最后一个井架,可是在下边一看,发现天车上还有巴掌大一块没刷上,缺一刷子漆。有的同志说,这么高的井架,缺这么一点儿也看不出来。党员董同忠却说,我们干每件事都要坚持高标准,这一刷子漆不刷上,就是低水平,就有愧于"高度觉悟、严细成风"的光荣称号,说着就爬上二十多米高的井架。大家都说,补上的不仅仅是一刷子漆,而是补上了我们思想上的低水平。

(九)差一毫米也不行

中四队维修班在油井保养时,发现抽油机底座横向水平误差一点五毫米,有的员工当时很满意地说:"这比规定的标准才小一点五毫米,水平够高了。"可维修班长樊金虎却说:"我们给自己规定不放过一毫米偏差,这都超过了,一定要调。"说着就操起大锤加垫铁。大家都知道,谁也不敢保证这一锤子下去就能调好。万一用劲大了,调过了头,更不好办。可是在四队,哪里容得下"过得去",既然干就要干出个样子来。维修班的同志们顶着突然下起来的大雨,在这口井上反反复复调了六次,一直干到晚上六点半,才终于调出了水平误差是零的高标准。尽管满身疲惫,但是每个人都觉得,这才是四队人该有的样子。

(十)馒头擦油箱

一次,中四队西五注水站党员站长李春玲接完早班,在巡回检查中发现冷油器穿孔,大量污水进入润滑油箱内,如果不及时处理,很可能酿成注水电动机烧毁的重大事故。她果断地采取停机措施,配合维修人员进行抢修。为了彻底清除润滑油箱内的杂质,尽快恢复生产,她钻到仅有2米见方的油箱内跪在里面清理杂质。由于油水混合后,杂质附着在油箱内表面,形成一层油膜,她用刷子刷,用擦布擦,用海绵吸,效果都不明显。一个多小时过去了,清理工作进展缓慢。这时已经晚上七点多,别人都去吃饭了,可李春玲心急如焚,仍坐在油箱旁苦思冥想,什么东西既能吸油又能吸水呢?当班工人看到李春玲没去吃饭,就从值班室取来一个馒头递给她说:"站长,你先吃个馒头吧。"当李春玲抬头看到馒头的一瞬间,突然来了灵感,她一把抓起馒头钻到油箱内,用馒头去蘸油泥,效果很好。但馒头与箱壁摩擦后留下一些碎屑,仍然清理

不彻底。这时,她饭也顾不得吃,打车回到家中,和了面团,回来后用面团继续擦拭,效果立竿见影,很快就把油箱清理干净了。到晚上10点多,终于恢复了生产。李春玲露出了欣慰的笑容。

(十一)一件工服

有一次,中四队楚公常师傅一大早就到站上,换好工服,准备接班,可是看到当班工人时,就是不接班,在外面等了很长时间。原来是当班工人是刚分到站上的一名技校生,一个爱干净的姑娘。她在还没交班的时候,就提前把下班的衣服换好了。楚师傅耐心地开导她:"不穿工服是不能进泵房的,这是岗位责任制的要求,谁也不能违反,不管在什么情况下,都必须发扬严细认真的好传统。"直到这个姑娘把工服换上,两人才进行了交接班。

(十二)肥皂泡找漏点

"孙姐,你闻到什么味道没有?"中四队新中305转油站正在巡检的员工王红在计量间里闻到一丝异味,这股气味很像天然气,立刻引起了她的警觉。她马上找来同班孙姐一起检查,两个人先是仔细查看了全站所有的工艺流程,确保没有问题后又确认了各条管线压力也都正常。可王红还是不放心,又去了仪表计量室,结果发现可燃气体报警器显示的数值与平常相比出现了0.5的偏差。王红觉得问题肯定就出在这儿。她在闷热的操作间里猫着腰查找了一圈并没有发现泄漏点,这时她突然想起孩子平时最喜欢玩的肥皂泡泡,灵机一动想出拿肥皂水找漏点的方法,于是立即在天然气管线上一寸一寸地刷,在压力表接头上一个一个地涂,在偌大的操作间里弓着、趴着整整排查了四个小时,最终在一个角落的压力表接头上刷出了肥皂泡,找到天然气的泄漏点,避免了事故的发生。从那以后,新中305转油站员工定期用肥皂泡沫排查天然气泄漏,形成了一个习惯。

（十三）姐妹寻"味"

7月的一天傍晚，一阵电话铃声惊动了中四队值班干部陈绍峰，"外输管线穿孔了！"话筒中传来新中305转油站当班员工赵劲松急促的声音。原来赵劲松和孙磊在巡回检查时，迎风闻到一股若有若无的油气味，引起了姐妹俩的警觉。她们迅速来到泵房，看到机泵工作正常，压力值也像往常一样没有什么异常，泵房内没有什么泄漏源。两人马上拿起手电筒，顺着泵房外的管线走向，一点点向罐区查去，结果仍然一无所获。两人对视一下，不约而同地说道："走，到站外看看！"由于天黑风大，手电筒光线飘忽不定，站着走很难看清地面的情况，两个人就蹲在地上边走边查找，迎着油气味吹来的方向，一点点向前走去，脚麻了就站起来跺一跺，1米、2米、3米……终于在外输炉南侧100米的草甸子上发现一摊黑乎乎的液体，走上前用手一摸，黏糊糊的，果真是原油！值班干部和抢修人员赶到穿孔地点，在挖到1米多深时终于看到了漏点，竟然是一个只有针孔大小的砂眼！一直在现场指挥的值班干部陈绍峰深有感触地说："一个针孔大的砂眼，连仪表都无法显示有什么异常，咱们站上的员工却凭着对工作高度的负责，及时排除了这个安全隐患，这真是四队人的作风啊！"

（十四）原则面前不让步

有一天，作业队技术员来找中四队作业跟踪员谷云峰交井，见面发现是老邻居家的孩子，还说井肯定没有问题，这个月先给交了。当时正值雨季，车辆进不去，还没有进行验封，又临近验交时间，这位技术员就希望谷云峰能看在两家父母都认识的面子上开个"绿灯"，先把井给交了，以后有问题再找他们。作业井在进行作业施工后必须验封合格才能交井，否则，就需要返工作业，不但浪费成本，对产量完成也有很大的影响。谷云峰非常坚持原则，绝不能因为面子而马马虎虎完成工作。他拒绝了作业队技术员，接着试井队在验封时发现这口井全井不密封，

随后作业队对该井进行了返工。作业队技术员交完井说了一句:"你这工作干得太认真了!我得向你学习啊!"

(十五)倔老韩的百分井

韩宪付是中四队的一名老采油工。韩师傅为人耿直,不爱说话,凡事爱较个真儿,大家给他送了一个外号——倔老韩。"巡井嘛,只要抽油机转着就行。"每当有人这么说时,倔老韩都会毫不留情地嗤之以鼻。老韩管理着22口抽油机井和2口电泵井,他把这些井当成宝贝疙瘩伺候着。有一次老韩巡井时,发现一口井有一条地脚螺丝防松线画的比标准要求宽了两毫米。事情虽小,但是老韩自责了半天,暗骂自己心太粗,万一螺丝松动而自己没发现,势必会影响安全生产。从那以后,老韩干活儿更注重精益求精,天天早出晚归守在井场上,擦设备、加黄油、打丝杠、画防松线……把每项工作都往细里抠、往实里做。老韩还有一个绝活儿,就是调漆,经老韩手调的漆,刷出来的设备颜色特别好看。大家都称赞老韩的井管理得好、收拾得利索,可老韩就是不满意,嫌井口光刷漆不够亮,自己掏腰包去买了亮油。有人说他:"倔老韩,你傻不傻,还自己贴钱干活。"老韩就当听不见,他再一次提高标准,嫌喷井场警示用语的纸板反复用棱角不清,又跑到牌匾店刻了塑料模板回来。经老韩这么一折腾,他的抽油机在月度检查评比中,有8口井被评为百分井,大家也都竖起了大拇指,纷纷向他看齐,提升标准。

三、求真求实篇

(一)钥匙配对锁自开

1966年冬季的一天,中四队队长辛玉和到一口井上检查岗位责任制时,发现值班房的门环上竟留下了烟熏火烤的痕迹,很生气,心想井场里不准动明火,不知道是谁违反了制度。经过了解,原来因为天冷,锁冻了打不开，采油工樊成太巡回检查时，用火烤了一下。辛玉和便在井组会上批评了这种做法。樊成太诚恳地接受了批评。可事后辛玉和的心里还有疑问，樊成太是党员，又是红旗手，对制度一贯了解得清、执行得严，怎么会出现这种情况呢？他决心再好好了解一下，让井长文金贵找樊成太谈一谈，把樊成太用火烤锁的事情弄清楚了。原来那天傍晚，樊成太提前来到一口井巡回检查，当他开门时，发现锁冻住了。这口井和邻井清蜡共用一个变压器，他已和邻井采油工约定好，6点整，这口井停电，邻井通电。他看了看表，时间不多了，赶忙甩掉手套，打开蒸汽管线放空阀门，用蒸汽吹锁孔，准备烫化里面的水。可天气太冷了，蒸汽吹过去后，冻锁反而变成了冰坨坨，冻得更实了，眼巴巴望着打不开的锁，他心里急得像猫抓一样。进不去屋，6点钟这里不停电，只要邻井一合闸，变压器就有烧毁的危险。西北风越刮越紧，樊成太两手冻得又僵又红，可头上却急得汗珠直滚。他急中生智，从怀里摸出打火机，用身体挡住风，烤起锁来。事后，樊成太深深自责，在井场上用明火，明摆着就是违反了制度。"严细成风"是中四队的传统，不能因为情况特殊、动机好就原谅自己。因此他虚心接受队长的批评，没做任何辩解。辛玉和想，"两分法"是解决问题的金钥匙。在一次会议上，辛玉和以"两分法"为武器，具体分析了樊成太烤锁前后的思想，指出了他的负责精神和不足，并检查了自己调查研究不到家，犯了看问题片面的毛病。问题彻底弄清，妥善解决，使大家都受到了教育。

（二）来不得半点马虎凑合

被《战报》誉为"恢复传统的排头兵，严细成风的带头人"的中四队党支部书记李春富在一次岗位责任制交叉检查中，陪同来检查的同志对中四队的井、站进行了检查，结果他自己查出的问题比来检查的同志查出的问题还多。有的职工不理解，为啥自己查的比别人查的还严还细。李春富认为，检查就是为了促进工作，来不得半点马虎凑合。

（三）一张报表

1968年的一天，中四队关井测静压，又要修设备、又要冲管线，值班工人黎邦友忙得团团转，填报表时一连错了三处，他都一一精心改了过来。可是，报表有涂改，资料评比就不能挂红旗，他就顺手又拿了一张报表，重新填好。新填写的报表，字迹清楚，一笔不错。但是黎邦友看着它越来越不自在，他从资料评比的小红旗，想到了队里的大红旗和旗上写着的"高度觉悟、严细成风"八个大字，他想，严细成风凭的是高度觉悟，凭的是日常中的扎实工作，不能光想着插红旗……当天，黎邦友交了有涂改的报表，那是真实的原始记录。另外一张他交给了领导，检讨了当时的错误想法。

（四）曲线上的0.2毫米

1977年8月的一天，中四队工人胡法莲接王化岐的班，交接到采油曲线时，发现虚线偏低了0.2毫米，就给她提了出来，用笔改了过来，并对她说："你这班工作干得很好，但采油曲线的油气比画低了一些，这0.2毫米在曲线上很小，但在油层上就大多了，资料是我们管好油井的根据，资料不准我们就难以分析地下，对工作必须要认真负责。"这件事后，王化岐工作责任心加强了，每天画曲线都用尺子量好，再用放大镜对照，工作非常严细。

（五）找"病根儿"

在中四队，工人都会干技术员的活，人人都能搞单井分析。老师傅张成玉当了30多年采油工。为了学单井分析，他缠着儿子学电脑，追着技术员问门道。老伴说他，都要退休了，还带着个老花镜，你还学个啥？张师傅说，啥年代就得会干啥活，我也不能落后！一次，张师傅管的一口油井产量掉得厉害，他一下就坐不住了，翻了一万多个生产数据，分析了81个注水层，终于找到了"病根儿"，提出了措施，很快就见到了效果。

（六）宁要一个真实的数据，不要一个虚假的荣誉

在一次地质资料检查时，采油工小王发现一口注水井压力上升了0.1兆帕，担心如实填写会影响检查成绩，就问地质技术员刘忠永怎么办。刘忠永认为，"三老四严"讲的就是实事求是，是多少就写多少，一个假数据不仅会影响油田开发，更重要的是会丢掉中四队的好传统，名次丢了可以再夺回来，传统丢了就没法弥补了。最后如实上报了数据，并找出了压力异常的原因。

（七）交接"找茬"

"1号输油泵上有一点儿油污痕迹没有擦干净。""值班室物品不规整，你们班立刻整改，否则我不接班！"这是中四队新中305转油站白班宋辉和夜班交接班时的对话。经双方细致全面检查整改后，这场"小风波"才算平息。宋辉在这个站工作多年，大家都称他是资深"元老"。新中305转油站为了进一步提升管理水平，建立了班组交接班"找茬"制度，有的同事抹不开面子，可宋辉却实实在在地找起了问题，从每一台设备到每一项资料，从每一件工具到每一个数据，都要经过严格细致的交接。渐渐地全站员工自觉从严把标准提高，管理水平实现质的提升。

（八）被遗落的螺丝刀

下班的班车刚要发车时，试验大队聚中一配制站的党员秦春亮突然喊住了司机师傅，他忽然想起，下午他刚刚维护了3号搅拌器电动机控制箱内空气开关，在收拾工具的时候，工具包内似乎少了一把经常使用的小梅花螺丝刀。是自己记差了？还是落在控制箱内？秦春亮思前想后："不行，空气开关我已经合上了，如果3号搅拌器运行，极有可能造成短路崩盘，那后果会很严重。"秦春亮毫不犹豫地下了车。回到厂房配电室，他切断3号搅拌器控制回路，打开配电柜仔细检查，没

有，又打开工具包，也没有。再仔细看看，当他拉下配电柜，翻转过来，"哐啷"一声，那把小小的螺丝刀卡在A相接线柱的后面，一颗悬着的心终于放了下来。第二天，领导知道了这件事后，表扬秦春亮有责任心，他却主动向领导承认了错误，并承诺下次一定会好好检查，决不粗心大意。

（九）"四点一线"神器

一次，第一油矿北一队维修班在调整抽油机"四点一线"（通过皮带轮与电动机轮的中心引一条线，与皮带轮和电动机轮的边缘相交成四个点，这四个点在一条直线上）时，大家觉得用肉眼看总有误差，班长于振宇就动起脑筋。工具车上的一截方钢启发了他，他试着用它当作靠尺来检查"四点一线"，发现比肉眼看要精确且容易很多。回家后他又仔细研究，改进了杆的长度、宽度、材质。他把这个方法推荐给了队里，队里专门定制了几根铝合金杆来调整"四点一线"，使全队抽油机的"四点一线"调整全部达标。

（十）不落下一个油样

中四队员工于晶所管理的$1^{\#}$计量间是距离队部最远的一个，油水井分散在家属区和工业区的周围。一天中午，她发现同事少取了一个油样，就赶紧询问是怎么回事。原来同事取样时放出来的都是气取不了，准备明天再看看。她一听眉头就皱起来了："明天再取可不行，这耽误一天的数据呢。这口井是间歇出油，多等一会儿就行了，我现在就去把这口井的样儿取回来。"说着于晶就骑着电瓶车出发了。等到大家吃完午饭了，她才满头大汗地回来，手里拿着沉甸甸的样桶，兴冲冲地放进了样桶间。在于晶的眼里，晚吃一会儿饭算不上什么，可缺一次数据对于油井来说就是大事。

四、关爱员工篇

（一）把床让给工人睡

1963年2月，中四队调来了一批新工人和实习员，床铺不够了，矿的仓库里也没有，一时领不来。干部心想：总不能让新来的同志睡在地下啊！队长和指导员主动把自己的床铺腾了出来，亲自把床送到工人宿舍，工人们见干部让了床，怎么也不同意，又把床给干部抬了回来。干部认为无论如何也不能自己睡床而让工人睡地下，因此又要抬过去。不一会，工人又抬回来，抬来抬去，最后干部终于说服了工人，把床放在工人宿舍里。当天夜里干部们围着火炉蹲了一夜，第二天弄回一些干草就睡在地上了。冬天，又是新房子，地上很潮，没几天指导员的头上就生了疮，整天流黄水，他却一声不响，用毛巾包住了头，照样坚持工作。工人们看在眼里，很受感动，大家说："在家靠父母，在外靠领导，咱们四队的领导靠得住。"在干部的示范带动下，四队职工亲密无间，团结得像一个人一样。

（二）育徒先育心

"传帮带"这个会战优良作风中四队一直保持着。不管是新参加工作的青工，从外单位调入的员工，还是新任职的干部，人人都有自己的师傅，师傅不仅要教技术，还要传思想、带作风。老会战余章宝带出21个徒弟，人人是先进，个个是标兵。一次，队里开展计量间评比，他的徒弟李文英把计量间擦得锃明瓦亮。就在她沾沾自喜等着师傅表扬的时候，余师傅走到角落里，在管线下面摸出了一手灰。小李以为师傅要骂他，可师傅没说话，拿起抹布，趴在地上把犄角旮旯全部擦了个遍，让李文英感受到什么才是"三老四严"。身教胜于言传，李文英凭着工作上的拼劲、作风上的严劲、学习上的钻劲，参加工作不到半年

就当了井长,两年时间入了党,成为当时全国石油系统最年轻的工人技师,被评为全国新长征突击手。

(三)"罚"也是一种帮助

中四队维修班正在进行春季检修。班长王金戈发现正在紧固底座螺丝的林成龙把方向弄错了。林成龙是转岗到中四队的一名新员工,脏活累活抢着干,唯有一点让同事们头疼,就是总弄错开关阀门和松紧螺丝的方向。为了让他尽快掌握这些技能,班里的老师傅想着法教他,找来大的小的、横的竖的、裸露的隐藏的各种螺丝让他练习,并根据他左右手发力习惯,给他总结提炼了几句口诀,便于他记忆。爱热闹的年轻同事蔺旭更是想出了一个"狠"招,只要林成龙一错,就罚他多紧一条螺丝。这不,他今天又让人抓了个"现形"。王金戈拍了拍林成龙的肩膀说:"小林,罚你,就是想让你明白,这方向弄错了,有时可是要出事故的,大家这都是在帮助你尽快从新手变成手啊!"林成龙听后倔强地说:"班长,大家的心思我明白,但该罚还得罚,罚我一遍我就多练一遍,我就不信还摆弄不明白这些死疙瘩。"话一落地儿,大家都笑了起来。

(四)深夜送行

一阵急促的电话铃声划破了深夜的寂静,惊醒了熟睡中的王雪莹,她拿起听筒,电话的另一端传来嘶哑的声音:"书记,我妈妈她走了,现在在龙南医院……"王雪莹是中十六联合站的党支部书记,打电话的是输气岗的一名员工,家里就他一个孩子,亲戚都在外地,自己母亲深夜病故,他一时手足无措,想到的就是给书记打电话求助。王雪莹了解情况后,立刻穿好衣服,打车赶往医院,在路上又联系了几名同事。王雪莹最先赶到医院,当时年仅二十几岁、天生胆小的她从没有经历过这样的事,不要说上前帮助了,就是看上一眼都觉得害怕。

但在员工面前，书记就是主心骨。她壮着胆子，走到老人跟前，帮着给老人梳头、擦身子、穿寿衣，又和随后赶到的同事把老人送到殡仪馆。当她走出殡仪馆推门时，感到手钻心地疼，这才发现原来是因为太紧张、太害怕，不知什么时候，手已经被指甲抠出了血，全身都被冷汗湿透了。闻讯赶来的员工们看此情景，都打心眼里钦佩这位女书记。一连两天，王雪莹都是凌晨三四点钟就来到这名员工家，把他母亲的后事办得井井有条。不知情的人还以为是女儿在尽孝，那名员工被感动的不知道如何表达，只是一个劲地摇着王雪莹的手，声音哽咽地说："谢谢。"

（五）我是队长，让我来

每次接到突发或者临时工作，第六油矿609站所管理队队长刘长友总是第一个赶到现场，脏活累活抢着上、急难险重冲在前，为全体干部员工树立了榜样。2016年11月初，夜晚的气温早已降到零摄氏度以下。由于聚中九注水站清水管线突发穿孔，为了确保生产平稳，用潜水泵往外排水，现场必须有人看守。身为队长的刘长友二话没说，穿上棉衣棉裤、戴上棉帽，开着车就赶到了现场。脚冻麻了就站起来跺跺脚跑两圈，手冻僵了就捧起地上白雪使劲拍打揉搓，别的员工想替换他，都被他推了回去："我是队长，让我来！"

五、爱岗敬业篇

（一）严守岗位过新年

1963年除夕，油田万家灯火，家家户户团聚欢乐，采油三矿四队的职工们正挤在一间集体宿舍里举行除夕联欢晚会。晚会快结束的时候，队长辛玉和一脚踏进门来，对指导员李忠和说："老李，刚才我到各井上转了一下，井上的同志都很好，他们说比在家里过年还好！"指

导员李忠和说:"好哇!你跑了大半天,快去吃饭吧!待会我也上井去陪着他们过年。"晚会结束了,指导员和副队长带着糖果、瓜子也上井了。这一夜,四队一共有38名同志,在油井、泵站,严守自己的生产岗位,坚持正常生产。这一夜,队里的全部井长,都上井顶班,没有一个回家过年。这一夜,四队的5名干部更是辛苦,他们分成三批,冒着寒夜的霜冻,整夜巡回在14口油井和泵站之间。值班的工人对指导员说:"你放心吧!我们保证安全生产,迎接新年。"指导员说:"过年咱们要更紧张一些,平时一小时巡回检查一遍,今天咱们要半小时检查一遍。"工人们说:"对!我们要十分钟去检查一遍,有了安全生产,过年才有意义。"四队的干部和工人在新年期间严格要求自己,人人坚守岗位。熟悉四队的同志们都说:"四队过得硬,他们是事事高标准,严细成风啊!"

(二)为职工打个样

中四队指导员李忠和认为,要想教育好职工,首先要自己走在前,干在先,作出样,处处作职工的表率。1964年1月20日,天下着鹅毛大雪,晚上是李忠和上岗。技术员傅孝余觉着指导员年龄较大,夜间行走不方便,就主动提出要代替他上岗。李忠和说:"这是我的岗位,怎么能让给你。"这天晚上他坚持检查了十口井和一个泵站,到某排一井检查时,工人鲁义初说:"指导员,这么大的雪,天气又冷,进来暖和暖和吧!"李指导员回答说:"越是天冷,越容易发生事故,就越要勤检查,我要求你们'四个一样',我怎么能自己不'四个一样'呢?"鲁义初下了班,翻来覆去睡不着觉,以后逢人就说:"指导员头发白了一半,还三更半夜检查,我们青年人再干不好工作,能对得起谁。"村看村,户看户,工人看干部,干部看支书。在李忠和的影响下,干部成年累月和工人一起,泥里滚,水里爬,哪里有困难,哪里就有干部。工人们说:"干部是带头人,是我们的榜样。"

（三）暴雪大会战

2005年3月27日，大庆油田遭遇了20年不遇的大暴雪，两万多口油井停产。雪情就是命令，中四队员工连夜从四面八方赶到队里，蹚着没膝深的大雪，投入紧张的抢险工作中。越是生产遇到困难的时候，越能感受到精神力量的强大；越是需要四队人往上冲的时候，越能感受到"三老四严"的那股劲儿。经过一天一夜的摸爬滚打，连续奋战，158口油井全部恢复了生产。大家都说，那场景就像是回到了当年的"石油大会战"。

（四）老党员的16个除夕夜

老党员韩景山是中四队新中305转油站的老站长，他认准一个理儿，千难万难，党员带头就不难。他当站长21年，16个除夕都是在站上替班度过的。2008年春节前，女儿一家三口从外地回来过年，老伴儿不想让韩师傅还值年三十儿的班，韩师傅说，明年我就退休了，这是我在岗上的最后一个春节，越是放假，越得仔细点，你让我在家过，我心里也不踏实！在韩师傅的带动下，大家以站为家，齐心协力，新中305转油站连年被评为大庆油田有限责任公司样板站。

（五）宁掉几斤肉，不舍一两油

2011年，中四队有182口新井投产，按计划要4个多月才能投完。当时原油产量非常紧张，为了抢产夺油，他们发扬"有条件要上，没条件创造条件也要上"的精神，道路泥泞车辆进不去，就靠人拉肩扛，哪怕是施工单位半夜完工，也要确保第一时间组织人员上去投产。仅用60天就完成投产任务，抢出产量14000多吨。

（六）特殊的小年夜

一年小年夜，中四队采油工秦梅下班前发现一口井管线穿孔了，位

置就在她管的计量间附近。事出突然，大型设备不能马上到位。"没设备就自己挖"，秦梅二话没说，拿起镐就刨。当时，外面零下30多摄氏度，一镐下去就是个白点，根本刨不动。可她没有放弃，还是一镐一镐接着刨。手僵了哈口气搓搓，脚麻了就使劲跺跺。就这样四个多小时，她硬是刨出个一米多深的作业坑，找到了穿孔点。晚上十点多，活儿终于干完了，当她掏出手机的时候，看见的是父亲的12个未接来电。

（七）用体温捂出来的数据

一年寒冬，中四队水井班员工韩静接到电话，需要对一口水井的油套压数据进行复测。韩静立马穿上棉袄往现场奔。那年的冬天，雪下得特别大，很多路段积雪来不及清理，只能推车前行，原本十分钟的路程却花了整整半个多小时才走到。通往井场的小路由于地势低洼，已经被及腰深的积雪覆盖。韩静将工具袋套在脖子上，双手握着铁锹一边挖一边走，硬是用身子蹚出了一条小路，到达井口时，身上的工服已经冻成了冰壳子。当她准备录取数据时，因为室外温度过低，压力表无法测出准确的生产数据，韩静一把将失灵的压力表塞进衣服里，就几分钟的时间，她嘴唇冻得发紫，但她仍咬着牙硬挺着。就这样捂了十多分钟，韩静硬是用自己的体温将压力表恢复正常，顺利完成了复测任务，保证了数据的准确录取和及时上传。

（八）生产一刻不容缓

转业兵出身的任海波工作有一股军人气质，冲在前、干在先，有活儿不怕苦，有险不怕难。一次，倾盆暴雨过后，西63-6井变成了"孤岛"，此时巡检的采油工发现这口井毛辫子断了，井场周围全都是水坑，车辆根本到不了跟前。任海波话不多说，穿上水靴扛起毛辫子便蹚着泥水往西63-6井走去，这一路道也滑、泥也多，他只能深一脚浅一脚地挪着身子过河。就在马上到达井场时，没想到有一块地面下方是空的，任海波正巧踩到,没来得及抬脚就一下子跪倒在泥池中。泥水顺势灌进了他的水袄里,可他一点儿没在意,爬起来后接着朝井场赶去,终于把毛辫子换完,及时恢复了这口井正常运行。

(九)264 个小时的不变坚守

有一阵子,第二油矿工艺队队长白林海一直吃住在队里,有时忙得顾不上吃饭,就用饼干充饥。原来,为了全力打好夺油上产攻坚战,他夜以继日地工作着。"地质工作是油田开发管理的基础工作,我们一定要把基础打牢。"正在与技术人员研究方案的白林海眼睛布满血丝,按着隐隐作痛的胃,皱着眉说。大家见状,忙劝他去医院看一看。动态组员工小姚说:"队长,不能再挺着了。上次嫂子托我带药给你时,交代让你多休息呢!"白林海打趣道:"我哪有那么娇贵,只要产量上升了,我这病就好一半了。"为了论证方案的最优性,白林海与技术人员一起研究问题,绘制各区块连续几年的含水上升等值图、流压等值图、井组栅状图、油藏剖面图等上百幅地质图幅,并翻阅了每一口井的吸水、产液剖面,分析单井动用状况,确定调整层位,并将确定调整的每一口井的数据都标在了井位图上,当方案最终确定后,他们才觉察到已经不分昼夜地连续奋战了 11 天。

(十)油井医生解难题

一个炎热的中午,刚从试验井匆匆赶回队里的第四油矿采油工任相财满头大汗,橘红色的工作服上一片片白色的汗渍格外显眼。已经过了开饭时间,空荡荡的食堂只剩下任相财和 2# 井组的程娜两个人在吃饭。任相财抬头问道:"我忙着上井试验,没有准点儿,你每天都是固定的活儿,怎么也回来晚了?"程娜一脸无奈,原来,她最近几天在对一批井进行核实量油,可不知什么原因,没有一口井产量能够对上,普遍出现大幅下降。程娜做了很多工作,就是没有效果,这已经是第三天没有

正点儿吃午饭了。吃过午饭,任相财没有睡午觉而是去地质组查资料了。经过一番核实,周围没有注水井关井,排除地质因素,应该就是设备的原因了,任相财心里有了数。当程娜下午来到计量间时,任相财已经带着维修人员冲洗完分离器,但情况依然如故。当大家都觉得没有希望的时候,只见任相财拎着一把扳手,开开这个阀门,听听那条管线,然后指着中32-521井的量油阀门说:"这个阀门不严,量油井的液量都从这里进了回油汇管,换掉就好了。"阀门很快换好了,程娜把需要进行量油的井逐一导入分离器计量,产量全部恢复到以前的水平。

(十一)抢修进行时

一次,第一采油厂油田管理部副主任张向东在基层检查调研,手机急促地响起。"张主任,聚410转油站1号外输泵机械密封损坏停运,修复后由于泵出口阀门损坏无法正常使用,只能采取关井应急措施。""现在原油生产形势紧张,停井意味着巨大的产量损失。耽误不得,要尽快处理!"张向东挂掉电话,火速赶往现场。到达现场后,他立即组织第四油矿、基建管理中心及安装六处等单位在1号外输泵出口至3号外输泵出口之间临时搭接工艺管线,保证正常采出液的外输,经过4个小时的抢修奋战,临时工艺搭接完成。但是,启泵后,由于密封盘磨损严重,泵轴串量较大,再次导致机械密封不能使用。张向东又紧急与华谊公司、思创公司联系,要求提供车床及铣床等设备,带领相关人员连夜加工动、静平衡盘。经过不懈的努力,晚上11点多这台泵恢复运行,第二天凌晨所关43口油井全部启机,挽回原油产量100余吨。这时,张向东才长出了一口气。等到岗上各项参数稳定后,他才离开泵房。

(十二)飞转的"陀螺"

每年春天,施工项目纷纷开工,电力系统就到了最忙的时候。为了最大限度地保障电力系统平稳供电,电力维修大队生产办主任张忠伟每天"粘"在了现场。一天下午,一辆大车撞断了三根电杆,张忠伟立刻带领线检一队员工赶赴现场,经过6小时的抢修,终于送电成功了。大家刚刚坐到饭桌前,就传来了一座转油站入户电缆被挖断的消息,张忠伟再次赶往抢修现场。时间紧、任务重,张忠伟跳到电缆沟里带着工人一起干,直到凌晨一点抢修成功,他才拖着疲惫的身体回到家里。同事们都说他干起工作的劲头,就像个飞转的"陀螺",停不下来。

(十三) 要干就干出个样来

"要干就干出个样来!纸上谈兵不是军人的作风。"曾经当兵8年的机采设备维修大队维修一队副队长顾福新经常这样说。一次雪大天寒,大队办公楼清水管线冻坏,生活用水成了难题。顾福新接到抢修任务,带领抢修班对两个进出口阀井和几百米管线找封冻点。零下30多摄氏度,顾福新下到挖开的管线沟,清理泥土,多次钻进阀井里开关阀门。看到他爬上爬下累得够呛,抢修班的员工说:"你去边上指挥一会儿吧,我们干。""谁也别争了,我'身手'好,还是我下去找封冻口吧!"他脱掉了外衣,再一次钻进阀井里。由于管线封冻长,需要铺百米长的管线,在顾福新的带领下,抢修班的员工们奋战了一整天,圆满完成了抢修任务。

(十四) 这次手机没静音

2018年9月的一天,正是厂里夺油上产的关键期,刚刚参加完生产会的地质大队员工高润林行色匆匆、眉头紧锁,脸色非常不好,一个多月的加班忙碌让他看起来更显疲惫,平时不看手机的他此时却把手机紧紧地攥在手里。但是没人注意到这些,大家都太忙了,都在争分夺秒发方案。他就更不用说了,所有的方案都汇总到他这里,由他一一审核后发放。老伴儿不止一次劝他:"不到一年就要退了,换个清闲的活儿吧?"可是每次他都是左耳进右耳出。"铃铃铃……"高师傅的手机

响了。大家都好奇了，平时高师傅怕影响他人工作，手机从来都是静音的，这次怎么"疏忽"了？屋子一下子静下来了，电话里的声音格外清晰："老伴儿，儿子的手术很成功，放心吧！"放下电话，他长长舒了一口气，使劲儿地搓了搓脸，像啥事没发生一样又投入审核方案中。

（十五）党员冲在前

有一年，第五油矿南二采油队党支部要求党员带头打"样板井"，给群众做示范。7号计量间井长金敏辉的井组有14口井在162排路边，他想，打造一口"样板井"不如打造一个"样板排"。他与班组同事早晨4点钟到岗，晚上8点钟收工。三伏天里，烈日将抽油机晒烤得烫手。金敏辉组织全班组人员会战，他不顾自己身体残疾，顶着烈日爬到几米高的抽油机驴头上擦洗油污，一干就是3个多小时，班组人都劝他下来休息，换换人，他说，这一上一下太浪费时间。他知道自己的身体确实不如常人，但他更知道，作为党员，困难时刻就要冲在前。榜样的力量是无穷的，在他的带领下，全班组人员齐心协力，创出了受到各级领导高度赞誉的162亮点井排。

（十六）奋斗的青春最美丽

党支部书记李雪莹刚到中四队时，就遇到了考验。当时正值中四队迎接大庆油田金牌采油队验收，队长又外出学习之际。挑战是最好的老师。从站库队来到采油队的李雪莹，迅速融入角色，放弃休息日，带领班子成员和全队员工践行"事事做到规格化，项项工程质量全优"的油田好传统，积极投身到紧张的准备中。为了提高采油方面的专业知识，她跟员工上井学原理、练实操，经常一身油一身土的回队。为了使全队工作统一标准，她每天起早贪黑，和班子成员一同打样板井，给员工做出表率。小到一个底座螺丝的松紧度，大到井场的规格尺寸，不放过一个"低标准"，不原谅一个"小差错"，不容忍一个"过得去"。有员工打趣地问李雪莹:"书记,坐办公室多好,这么脏这么累图啥?"李雪莹说:"咱图的是对'三老四严'的传承,图的是对'三老四严'的不懈怠。"

(十七)办法总比困难多

"李师傅,下班了,快回家吧!""不行,这个穿孔今天必须处理完,决不能影响产量。"李龙江一边应答着,一边手不停。党员李龙江是第六油矿维修队的一名挖沟机司机,也是一名生产骨干,"他对工作是出了名的倔,今天的工作决不拖到明天。"提起他,这是队里人共同的声音。一次,中一联外输管线几处穿孔,李龙江开着挖沟机赶到现场,穿孔的地方处于沼泽地,车辆根本无法靠近。"办法总比困难多,一定要想办法尽快找到漏点。"只见他凭着娴熟的驾驶技术,利用挖沟机液压大铲支起陷在泥中的车轮,艰难地靠近穿孔处施工作业。由于多处穿孔,李龙江连续工作到凌晨两点多才离开施工现场。刚回到队里,负责现场施工的同志打来电话,又发现一处穿孔,正当他准备开车去现场时,发现前轮胎缺气。"修补轮胎肯定来不及。"李龙江带着充气设备匆忙地赶往现场。一直工作到第二天早上 7 点多,顺利完成了任务。

(十八)风雪中的握手

"铃铃铃……",晚上正在看电视的第五油矿注水变电队队长刘继东一看来电号码,是聚中 501 队队长沙雪峰打来的。电话那头传来急切的声音:"井上掺水压力低,大冷天我担心冻井。"刘继东放下电话,急忙从家里往单位赶。外面虽然下着大雪,刘队长心急车也快,很快就来到站上。几乎是脚跟脚,沙队长也到了站上,各自拍落身上的雪,两双粗糙的大手紧紧握在了一起,无须客套,没有寒暄,直奔生产主题。他俩来到阀组间,检查流程没有问题,又检查了加热炉运行情况,也没有发现问题。是什么原因导致系统压力低呢?仔细查找后,发现问题出在

3号掺水泵上,判断是过滤网堵了。他们打开过滤器,撸起袖子用手往外掏杂物,手抓脏了,脸弄黑了,红工服也变成了迷彩服……经过一番处理后,系统压力从1.15兆帕上升到1.8兆帕。看着生产参数恢复正常,两个人的手再次握到了一起。

六、勤于钻研篇

(一)制服"气老虎"

中四队女子采油井组有一口井产气多、出油少、压力下降快、结蜡严重,被大家称作"气老虎"。为了制服这只"气老虎",井长胡法莲带领井组人员连续奋战,反复量油9次,画了110多张采油曲线和小层平面图,摸清了油井的生产特点。通过改变清蜡措施,掌握了1000多个数据,进行了55次对比,找到了合理清蜡办法。她们又开展地下分析,找出产量不稳的原因,通过3次调整油嘴,15次对比试验,确定了合适的油嘴,使这口井的压力和产量稳定下来,保证了长期高产稳产。

(二)1分之差

不论哪个小队有了疑难问题,第七油矿工人技师李庆林都及时去解决,大到故障处理,小到搭手帮忙。无论是分内分外,他都热心对待。在一次创"五好优质井"的活动中,他参加矿检查验收,一台抽油机设备得了94分,对照"五好优质井"标准只差1分。当时,被检查的员工不解地对李庆林说,"你检查也太苛刻了,我们在这口井上投入了很多心血,花了很多时间,只不过差1分,差不多就得了呗。"看到那一张张被晒得黝黑的脸,李庆林认为,标准就是标准,差1分也不行,必须让他们心服口服地知道差在哪里。他拿来一根3米长的直尺,对这台设备的"四点一线"进行了彻底检查,原来这1分就差在"四点一线"

上，他向大家耐心讲解了"四点一线"的工作程序，告诉他们问题出在哪里，在场的员工们不好意思低下了头。

（三）草根发明家

工人技师方萍是中四队出了名的"发明家"，凭着在低压电方面的高超技术，帮助大伙儿解决过很多棘手的生产难题。调平衡这项费时费力的工作让方萍萌生了新点子，琢磨着制造一个工具方便员工使用。方师傅带着灵感迅速行动起来，在油井旁反复核对尺寸、记录数据。在起草图纸阶段他遇到了第一个难题，因为没有任何参考资料，只能结合设备结构和工具安装方式，凭想象设计图纸，图纸被他反反复复修改过数十次。为了验证可行性，方师傅每天"蹲守"试验井旁，观察运动轨迹，一厘一毫地修正图纸。开工下料时，精打细算的方师傅利用废旧的边角料制作了除液压部分外的其他部件，拿锯条一下一下地手工切割。分割的部件再拿砂轮机加工打磨。高速旋转的砂轮让齿轮板变得异常发烫，漫长的打磨过程不仅把手套烫得千疮百孔，方师傅手上也被烫出好几个泡，一天下来鼻腔里是厚厚的一层灰泥。轮廓成型后需要实地安装校验尺寸，齿轮大了就再次加工，小了则要重新制作。就这样历经无数次的返工后，方师傅独家制作的"液压式调平衡专用工具"终于完成了，大大减轻了员工的劳动强度，大家都说方师傅发明的东西真是：厂家不生产，市场买不到，生产真需要！

（四）井场擒"贼"记

腊月的一天，寒风凛冽。试验大队维修队技术员李国龙吃过午饭，"蹲"到PT-3井井场进行现场试验，这一"蹲"就是一下午。阀门渗透的污水溅透了衣服，浑身的臭水很快被冻成了冰疙瘩，手一哆嗦，定位螺丝被水冲掉了。此时天黑了下来，快冻僵的李国龙不甘心，还在找那个小螺丝。班车快发了，天已擦黑，试验二队采油工许井峰接到队里

通知说井上数据异常，让他立即上井核实。他一边走一边查找漏点。忽然，他看到远处的井场上有一个身影晃动着，心里咯噔一下，"难道有人要偷井上的东西？"许井峰赶紧奔向水井。在手电筒的映照下，一张通红、沾满汗水的脸抬了起来，"别误会，我也是大队的，正在做试验。"许井峰这才发现蹲在油井旁的是大队的"技术大拿"李国龙。为了解决掺水阀门关不严，影响井口取样化验结果的问题，李国龙无数个周末都是这样在井场上过的。功夫不负有心人，"快速转换式掺水、取样取压装置"终于获得了成功，彻底排除了取样过程中掺水的影响，确保了样品的真实性、准确性。李国龙井场被"捉"的故事在员工中广为流传。

（五）一口水泡子井的复活

第三油矿聚中16采油队西8丁-2井地处水泡子边沿，由于雨水大，冬季封冻时冰面移位，上井的栈桥被水挤垮，管线也断了。水套炉、值班房同时掉进三米多深的冰窟窿里，这口井被迫停产。管理这口井的井长魏加兴，向队里提出了救活这口井的方案。队里组织力量很快为这口井重新铺设了两条六百多米长的管线，达到了恢复生产的要求。可是，开井后发现井口被冰挤斜，刮蜡片铅锤下不去，清不了蜡。魏加兴经过反复观察研究，大胆试验，制成了一个活节铅锤，解决了这口井的清蜡问题，使这口井保持了生产。春天化冻后，井场周围一片汪洋，无法上井工作，这口井又面临着停产的威胁。魏加兴再次向队里提出制作铁船的建议。他每天划着船上井，干了整整七个月，直到栈桥维修好为止，终于救活了这口井。

（六）用钉钉子精神叩开地宫之门

有一年，在编制北一二排西部方案时，地质大队开发室党支部书记崔建峰发现埋在地下的一块"肥肉"。也就是说，产量高的油层开发了，产量低的聚合物驱后油层留下了。按照常规编制方案是吃不到这块肥肉，要想吃到"肉"，就得出一个新方案。完成一个常规方案，省时省力，还稳当；选择一个新思路，费时费力，可能还有风险。尤其是方案已经编制到一半了，重新开始难度会很大。但是，放弃"肥肉"，崔建峰不甘心。崔建峰想，干工作不能只选择好干的，而要选择该干的。连续半个多月，崔建峰到井场核实井位、到档案室查阅资料、到研究院请教学习，整理分析数据100多万个、绘制图表几百张。有一次，晚上加班，又困又累，眼睛都花了，想趴在桌子上休息一会，这一趴竟睡着了，晚上11点多，爱人打电话才叫醒他。就这样，通过一个多月的奋战，采取层系转换的思路编制出了新方案。方案实施后，累计多产油30多万吨。

（七）皮带轮的故事

一天中午12点，太阳正当头，只见一个黝黑的汉子，手里正拿着卡尺坐在那里发呆！走近一看，这不是第五油矿"孟岩工作室"的当家人吗？"这小子，准是相中这堆铁疙瘩了，指不定又琢磨啥革新呢！"上前一问，原来，自从五矿抽油机井实行动态管理以来，调参的工作量大了，回收的破损旧皮带轮也逐渐增加，如何利用好这些旧家伙成了孟岩的心病，他总觉得这里面大有文章可做。中午，他又忍不住看着一地大小不一的皮带轮动起了脑筋，忽然，他眼前一亮，一拍大腿吼道："对呀，可以大变小啊，早咋没想到呢！"一个将破损的大皮带轮加工成小皮带轮再利用的点子应运而生！摆弄着卡尺，此时孟岩的心早已经飞到了车床飞快转动的卡盘上，一个个细节正不断地在脑海中呈现……瞧，这还不到下午上班时间呢，孟岩的那些志同道合的"伙伴"们就齐聚车间，就这项小革新展开了大讨论。

第六章
"三老四严"的思考

无论在气势恢宏的石油大会战中，还是在油田振兴发展新阶段，"三老四严"始终激励石油人乘风破浪，奋力远航，成为石油人的精神之魂。"三老四严"以其独特的光芒，彰显弥足珍贵的不朽价值。

一、"三老四严"的时代价值

"三老四严"形成于大庆石油会战时期，是大庆石油人学习和运用马克思列宁主义、毛泽东思想，继承和发扬中国共产党、中国工人阶级和中国人民解放军的优良传统，开发和建设大庆油田的产物，是中央几代领导人精心培育的结果。进入新的发展时期，党的理论创新不断加强，国家新的能源战略逐步实施，文化大发展大繁荣进程不断加快，企业内外部环境发生深刻变化，但"三老四严"的价值依然宝贵丰富，特别是在大庆油田贯彻落实习近平总书记致大庆油田发现60周年贺信重要指示精神，在"当好标杆旗帜、建设百年油田"的新征程中的作用不可替代，在政治、文化、社会等方面具有重大的时代价值。

（一）政治价值

"三老四严"的政治价值是指"三老四严"在推动党的自身建设以及促进社会主义政治文明建设中发挥的作用。"三老四严"的政治价值在执行党的思想路线、加强党的建设、净化政治生态方面表现得尤为突出。

1. "三老四严"是中国共产党思想路线的一脉相承

《中国共产党章程》明确规定："党的思想路线是一切从实际出发，理论联系实际，实事求是，在实践中检验真理和发展真理。"实事求是，是马克思列宁主义、毛泽东思想、邓小平理论、"三个代表"重要思想、科学发展观、习近平新时代中国特色社会主义理论的思想精髓，是中国共产党战胜困难、克敌制胜的法宝。"三老四严"优良作风是马克思主义中国化的成果，是党的思想路线在大庆石油会战中发挥作用的体现，是"高度的革命精神与严格的科学态度相结合"的产物。从这个意义上来讲，"三老四严"与中国共产党思想路线具有内在一致性，是一脉相承的。邓小平在很多场合的讲话和报告中也都有过关于"老实"的论述："实事求是，说老实话，本来是我们党的传统""做老实人，说老实话，办老实事，这是一个共产党员的起码标准"。他提倡的"工作态度是实事求是，老老实实"，他认为"老实人有好结果，总可以得到党的信任""做领导要老老实实，这样人家才佩服你""各级领导同志要善于倾听反面意见，倾听不同意见；要听老实人的话，要听老实话"。不论在什么年代，"三老四严"永不过时，永远是共产党员坚定理想信念、加强自身建设的精神家园。每一位党员都应该把"三老四严"作为自己做人的信条和工作标准，老实做人、踏实做事，严于律己、忠于职守，让"三老四严"成为新时期共产党人永葆先进性的重要手段。

2. "三老四严"是加强党的建设的政治资源

重视党的建设，通过加强党的建设来推进事业发展是中国共产党始终坚持的一条重要经验。在长期的奋斗历程中，大庆油田各级党组织高度重视思想建设、组织建设、作风建设、制度建设和廉政建设。重视党组织的自身建设，是大庆石油会战能够打赢的关键，同时也是"三老四严"得以形成的制度保障。"三老四严"是党的优良作风、中国工人阶级优秀品质、人民军队光荣传统高度融合的产物，其跨越时空的精神伟力历久弥新。"三老四严"是大庆石油职工在会战实践中形成的过硬作

风的集中体现,是大庆优良传统的重要组成部分,是我们党重视基层建设、永葆先进性、重视思想政治工作的政治资源和生动展现。它反映了中国共产党在社会主义建设时期的坚定信念、崇高品质和价值取向。党的十九大以来,全面从严治党已经成为确保党和国家事业顺利发展的政治保障,而"三老四严"的严实内涵与全面从严治党要求高度一致,是石油企业加强党建工作的独特优势。站在中国特色社会主义新时代的起点上,更加需要大力弘扬"三老四严"优良传统,继承传统不丢根,深挖时代内涵,凝聚新时期干事创业的精神力量,努力把党的政治优势转化为振兴发展优势,以实的要求、实的举措、实的效果,严的制度、严的管理、严的纪律,不断加强党的建设,打造坚强战斗堡垒,充分发挥党员先锋模范作用,持续推动全面从严治党向基层延伸。

3."三老四严"是净化政治生态的必然要求

党的十八大以来,以习近平同志为核心的党中央把严肃党内政治生活、净化党内政治生态摆在更加突出位置,党风政风为之一新,党心民心为之一振。习近平总书记指出:"加强党的建设,必须营造一个良好从政环境,也就是要有一个好的政治生态""自然生态要山清水秀,政治生态也要山清水秀"。会战时期形成的"三老四严"促进领导干部形成了正确的事业观、权力观、政绩观,在中国特色社会主义新时代,"三老四严"依然是净化政治生态的必然要求。创业年代,会战领导机关严格执行领导干部"约法三章",即坚持艰苦奋斗的优良传统,不搞特殊化;坚持参加集体生产劳动,不能做官当老爷;坚持"三老四严"的作风,不骄傲自满,不说假话。在"约法三章"的基础上,形成了"四个公开"(思想公开、缺点公开、工作公开、生活公开)等要求,这些举措防止了干部特殊化,确保了整个石油队伍的战斗力。新时代,传承弘扬"三老四严",净化政治生态,在思想上牢固树立政治理想,正确把握政治方向,坚定站稳政治立场,严格遵守政治纪律,坚决抵制错误思想侵蚀。在实践上,要重点突出一个"干"字,唱响"我为祖国献石油"的主旋律；体现一个"实"字，坚持科学求实、脚踏实地不浮躁，当老实人、说老实话、做老实事；落实一个"严"字，坚持全面从严、严抓严管不放松，始终以严格的要求、严密的组织、严肃的态度、严明的纪律对待工作，确保从源头上净化从政环境，营造健康向上、风清气正的政治生态。

（二）文化价值

"三老四严"的文化价值是指"三老四严"在推动思想道德建设方面所发挥的作用。具体表现在，"三老四严"是石油精神的核心内涵，是文化自信的魅力彰显，是社会主义核心价值观的生动诠释。

1. "三老四严"是石油精神的核心内涵

石油工业在长期发展建设中，培育形成了特色鲜明的企业精神和优良传统作风，成为石油人的宝贵精神财富和力量源泉。在新的历史时期，石油工业优良传统被集中概括和凝练升华为以"苦干实干""三老四严"为核心的石油精神。

石油精神体现了实事求是、求真务实的思想作风。从1958年石油勘探战略东移，到20世纪90年代"稳定东部、发展西部"战略推进，再到建设世界一流综合性国际能源公司目标，每次战略调整都体现了党的路线方针同石油工业发展实际的紧密结合。大庆油田的"两论"起家、"两分法"前进，创造了实事求是、一切从实际出发的典范，展现了石油人善用科学理论指导实践的丰富经验。石油精神在各个历史时期都发挥了无可替代的重要作用，是中国石油的灵魂和根基，是石油企业核心竞争力和独特文化优势的重要体现，是百万石油人的共同思想基础和价值追求。作为石油精神的核心要义，"三老四严"的地位作用在新时代得到升华。当前，面对我国新常态的经济社会发展形势，更应该弘扬石油精神，以凝聚干事创业、苦干实干的精神力量，战胜前进道路上的各种艰难险阻，为实现石油企业新时期新发展提供有力支撑。新时代

大力弘扬石油精神，不仅是对"三老四严"的充分肯定，是对大庆石油人的巨大鼓舞和极大鞭策，更是对"三老四严"历史价值和现实意义的深刻诠释，为"三老四严"传承发展注入了"强心剂"和"助推剂"，为"三老四严"在新时代诠释新价值、发挥新作用创造了宝贵的历史条件。

2．"三老四严"是文化自信的魅力彰显

文化自信是一个国家、一个民族、一个政党对自身历史发展的深刻领悟，对自身文化价值的充分尊重和高度肯定，对自身文化长久生命力的坚定信念，并在日常生活中自觉践行。党的十八大以来，中国共产党对文化的认识愈来愈深入，文化的地位也逐渐得以提升，文化自信被提升到了前所未有的高度，不仅被写进了党的十九大报告，而且写进了党章。2016年7月，在庆祝中国共产党成立95周年大会上，文化自信被定位为"更基础、更广泛、更深厚的自信"，被论述为"坚持不忘初心、继续前进，就要坚持中国特色社会主义道路自信、理论自信、制度自信、文化自信。中国特色社会主义文化，源自中华民族五千多年文明历史所孕育的中华优秀传统文化，熔铸于党领导人民在革命、建设、改革中创造的革命文化和社会主义先进文化，植根于中国特色社会主义伟大实践"。"源自于""熔铸于""根植于"说明了坚定文化自信的深厚基础和坚强基石是中国特色社会主义文化。"三老四严"是大庆精神的重要组成部分，其饱含的求实的精神、争先的意识、诚信的追求、务实的态度、忠诚的品质等，有着中华民族自身的文化基因，是文化自信的文化养分，为文化自信提供"更基本、更深沉、更持久"的力量，为"三老四严"的传承与发展赢得新的历史机遇。

3．"三老四严"是社会主义核心价值观的生动诠释

党的十八大报告从国家层面、社会层面、个人层面对社会主义核心价值观进行了凝练概括，倡导富强、民主、文明、和谐，倡导自由、平等、公正、法治，倡导爱国、敬业、诚信、友善，积极培育和践行社会主义核心价值观。党的十九大报告强调坚持社会主义核心价值体系，培

育和践行社会主义核心价值观。"三老四严"作为大庆精神的重要组成部分，是社会主义核心价值观的生动诠释，并为培育和践行社会主义核心价值观提供丰厚滋养。

社会主义核心价值观是当代中国精神的集中体现，凝结着全体人民共同的价值追求。中华民族是自强不息、厚德载物的民族，每个人心底蕴藏的善良道德意愿、道德情感，就是社会主义核心价值观最深厚的土壤。在会战实践中形成的"三老四严"优良作风所提倡的忠诚老实、实事求是、严于律己、忠于职守的价值原则和工作作风与中国人心底的道德律令和现实的规范要求相契合，引导人们培养高尚的道德人格，养成严谨求实的行为规范。"三老四严"优良作风虽然在字词上与社会主义核心价值观所倡导的 24 字基本内容并不具有形式上的高度契合性，但二者所蕴含的核心价值理念确是一脉相承，是为人成长的风向标、干事创业的指南针、增进和谐的润滑剂。"当老实人，说老实话，做老实事"反映的是"诚信"，它是人类社会千百年来所传承的道德标准，强调人与人之间应该真诚对待，一言九鼎，信守承诺，诚实劳动。社会主义核心价值观再一次强调爱国、敬业、诚信作为公民价值准则的必要性，这既是"三老四严"应有之意，也是"三老四严"的内在要求，更是"三老四严"强大生命力的具体表现。"严格的要求"体现了石油人对待工作事事高标准、样样严要求的态度和作风，从而折射出石油人爱岗敬业、精益求精的职业操守和价值追求。"严密的组织，严肃的态度，严明的纪律"是对解放军"三大纪律、八项注意"的传承发展，从根本上表达了对党的无限热爱和忠诚，充分彰显了石油工人强烈的爱国主义精神和高度的主人翁责任感。当前我国处于中国特色社会主义新时代，迫切需要传承、弘扬"三老四严"，牢固树立主人翁的责任感和使命感，实现精神自制力、道德价值和生命意义的统一，重构社会价值体系，建设精神家园，营造正直诚实守信、遵守社会规范的浓厚氛围，切实解决好世界观、人生观、价值观这个"总开关"。

(三)社会价值

"三老四严"的社会价值是指"三老四严"在推动公民道德建设方面发挥的作用。党的十九大报告提出:"人民有信仰,国家有力量,民族有希望。要提高人民思想觉悟、道德水准、文明素养,提高全社会文明程度。"道德建设是全社会的系统工程,需要用社会主义核心价值观引领社会思潮,凝聚社会共识。推进公民道德建设,就是发挥"三老四严"育人铸魂思想武器的作用,大力弘扬真善美、大胆批判假恶丑,引导人们自觉履行法定义务、社会责任、家庭责任,在全社会营造劳动光荣、创造伟大的社会氛围。

1."三老四严"倡导正确科学的价值态度

任何社会为了维持正常秩序,都要建立一整套调整人与人、人与社会之间的行为规范体系,其中包括道德理论、原则、规范和评价方式等。它们对人的行为有特殊的引导和约束作用,涉及善与恶、真与假、美与丑等具有普遍意义的社会现象。人们对道德价值的理解,形成了不同的道德价值态度。"三老四严"的道德价值主要是指对人的信仰的确立、人格的形成、价值取向的确定等方面产生规范引导作用的正向表现。作为一种有利于发展社会生产力、促进社会确定道德价值的价值取向,"三老四严"潜移默化地影响着员工的思想,规范着员工的行为,提升员工的精神境界,完善员工的人格,培养员工的优良工作作风,提高员工的素质及能力,使员工在工作中自觉遵守各项规章制度,逐渐养成求实认真、严谨细致的工作态度,在处理问题上,对事物的评判逐步形成共识,并在实际工作中按照他们所认定的价值目标去执行,最终所有员工的价值目标趋于一致,逐步形成对工作和事业共同推动的强大合力。"三老四严"包含的实事求是、自我约束、恪尽职守、永争一流、敬业奉献等价值内核,强化了员工规范意识和规矩意识,增强了工作的自觉性、主动性,提升了整个群体的意志品质和自律精神。在遇到困难及困惑时,自觉调整心态,攻坚克难,奋力拼搏,主动将自身工作的热情迅速转化为克服困难的动力源泉。

2."三老四严"淬炼情操高尚的道德人格

道德人格的形成过程即是道德的精神形态向实践形态转化的过程。"三老四严"在人们的道德人格修养过程中，具有多方面作用。第一，"三老四严"为人们的道德接受活动提供了动力。道德接受活动即道德由"知"向"行"的转化，是一种有目的的高级精神活动，由一定的道德需要引发。这种道德需要一旦被人们认识理解，便以动机的形式支配人的行为，并力图通过行为来满足人的需要。"三老四严"强化了人们的道德需要，使道德主体渴望在社会实践中净化灵魂、升华人格、完善人生，实现自我价值。第二，"三老四严"为道德接受活动把握正确的道德价值取向。理论形态的道德转化为实践形态的道德，离不开道德接受活动的主体对道德现象的反映与选择、理解与解释、内化与践行。道德主体选择接受的内容和程度，依赖于主体的道德认识水平。"三老四严"一旦深入人心，就能发挥道德价值，对道德现象进行选择，人们就会发自内心地维护社会整体利益的道德需要，并在其驱使下，树立社会主义、集体主义的道德原则。第三，"三老四严"为道德接受活动的顺利运行提供保证。道德接受活动有别于其他能够满足人的物质利益需要的接受活动。它除了需要一定的动力推动，一定的目标激励实施，还需要一定的约束力保证运行，从而使道德接受活动沿着健康的轨道发展。从道德接受活动的内外关联性特征看，约束力来自内部和外部两个方面，来自主体内部的约束力即自律，来自外在的约束力即道德评价和道德监督。"三老四严"是具有高度自律性特质的道德文化，它能为人们的道德接受活动提供强大的内在约束力。同时，"三老四严"作为一种群体文化为道德接受活动提供了充足的外在监督力。

3."三老四严"培育接续奋斗的模范群体

"三老四严"是大庆石油人在石油开发实践中共同创造的一种精神价值，而其形成过程却是个体发展到群体覆盖的过程。"三老四严"首

先由个体创造,渐渐地被群体认知,慢慢接受、认可并被群体推广、弘扬,完成其价值的形成。"三老四严"所发挥的育人铸魂方面的作用一直在持续。大庆油田开发建设以来,始终坚持发挥这一传统优势,用先进典型的事迹教育人,用先进典型的精神感染人,用先进典型引领油田发展。典型时时有,从铁人王进喜到"新时期铁人"王启民,再到"大庆新铁人"李新民,从会战时期"五面红旗"(王进喜、马德仁、段兴枝、薛国邦、朱洪昌)到新时期"五面红旗"(姜传金、赵传利、权贵春、何登龙、王宝江),不同时期有不同时期的典型,且每年都有新的典型涌现;典型处处有,遍布各个层面、各个群体,人人身边都有典型可学,人人都有机会成为先进典型;典型行行有,科研有攻坚啃硬的典型,管理有创新创效的典型,闯市场有开拓进取的典型,干部工人、机关基层都有站得住、叫得响、过得硬的典型。每个典型的个人成长、进步、成功乃至成就无不凝聚着"三老四严"的强大力量。"三老四严"为大庆油田培育塑造了许许多多思想品德高尚、素质技能过硬的优秀劳动者,为实现"当好标杆旗帜、建设百年油田"提供了人才上的支持。

作为新时代大庆石油人,肩负着承上启下、继往开来的历史责任。当前,世界正面临着百年未有之大变局,内外部形势也在发生深刻变化,"三老四严"作为特定历史时期产生的精神传统,面临着诸多新的严峻挑战,具体表现在:第一,文化发展的挑战。在经济全球化、文化全球化、信息全球化的大背景下,世界正处于大发展大变革大调整

旧油管经过修复重新"上岗"

时期，各种观念碰撞激荡不断加剧，各种文化交流交锋日益频繁，多元文化的涌入和冲突不断，以国家、集体利益为核心的价值观向多元文化格局转变。作为大庆精神重要组成部分的"三老四严"，同样受到了冲击，面临着考验。第二，思想观念的挑战。伴随着QQ、微信、微博、抖音、公众号等众多互联网工具的迅猛发展，剧烈涌动的网络文化大潮冲破传统文化和教育的藩篱，重构了人们的思想观念、思维方式、生产方式和生活方式。尤其在虚拟的网络中，充斥着大量违背科学知识、动摇理想信念、淡化责任意识的信息。在多种思潮涌动、多元价值并存的今天，各种思想文化互相交融，"三老四严"在受到考验的同时，传播和弘扬方式也受到了严峻挑战。第三，代际传承的挑战。"三老四严"产生于20世纪60年代石油大会战时期，是老一辈石油人创造出来的精神财富。但在传承的过程中，随着时间推移，职工队伍构成也在发生变化，老一代石油人陆续退出石油岗位，不断有年轻群体加入石油职工队伍，这些年轻群体具有较好的学历背景，掌握较新的科学技术，思想新潮、思维活跃，但对老传统普遍认知程度低，甚至出现轻视或漠视的现象。这种主体的代际交替决定现在的员工和原有的企业文化体系之间产生"历史间距"，从根本上讲是对"三老四严"等优良传统的内涵实质、意义作用掌握不系统、理解不深刻。如何让"三老四严"根植于"新石油人"的内心，对继承弘扬"三老四严"提出了新挑战。

当前，随着科技的迅猛发展，多种思潮激荡冲撞，在对待传统的问题上，存在着三种倾向。一是过时无用论。有的认为大庆过去的老方法、老经验、老作风有其特定的历史背景，现在社会环境变了、发展阶段变了、人员情况变了，因而与时代"不合拍"了、与发展"不同步"了、与工作"不适应"了。二是机械继承论。有的认为大庆油田之所以有今天这样的地位，有这么大的影响，完全得益于过去重大的历史贡献，这其中就包含着对大庆管理方式、管理经验的肯定和认可。所以即使客观环境变了，也丝毫不能动，动了就是否定历史，动了就是违背

传统,动了就是不尊重前人。三是盲目创新论。有的认为"三老四严"喊了几十年,在新时期应该有新形象。这种新形象,不但要体现在新业绩、新贡献上,在其他方面也要求新、求变、求异,甚至认为创新的力度越大越好,创新的花样越多水平越高。因而有了片面追求政绩的虚创新、背离优良传统的乱创新、脱离客观实际的空创新,反映出过于强调创新、急于推进创新、为了创新而创新的心理。这些想法和行为或是人为地割断历史,或是片面地解读业绩,或是狭义地理解创新。没有继承就没有创新,创新是最好的继承。但创新不能刻意追求,不能随意拼凑,更不能一味标新立异。否则,就不是创新而是追风,不但办不成事情,还会给企业发展带来负面影响。

对大庆油田几十年来积累形成的优良传统,既要传承,也要创新,这是必须具有的科学态度。忽视和忘却过去的人,在未来的征程里,只是一个缺乏思想准备的匆匆过客;忽视和忘却历史的企业,面对激烈的市场竞争,将不会有成熟的选择。面对新形势、新任务、新要求,辩证

27号丛式井采油平台

认识"三老四严"的时代价值，厘清传承"三老四严"面临的困难挑战，对于发挥"三老四严"文化功能，增强"三老四严"文化自觉，厚植文化自信，实现文化自强，在推动高质量发展中发挥更大作用，具有重要意义。进入高质量发展新阶段，"三老四严"仍然是凝聚队伍、打造品牌、提升素质、引领发展的独特优势。

二、"三老四严"的传承方向

文化是一个国家、一个民族的灵魂。文化兴则国运兴，文化强则民族强。增强文化自觉是坚定文化自信的基础，实现文化自信是实现文化自强的前提，只有不断增强文化自觉，才能通过坚定文化自信，最终实现文化自强，实现文化对经济社会发展的积极促进作用。高质量发展既是大庆油田振兴发展的必然选择，更是践行使命的现实责任。处于这样的大背景下，要准确把握环境的深刻变化，深刻认识高质量发展的必要性，就要将"三老四严"优良传统与高质量发展生动实践紧密结合，把"三老四严"优良传统作为推动高质量发展的独特文化优势，在坚持"三个统一"中增强文化自觉，厚植文化自信、实现文化自强，在新时代树立新形象，展现新作为，实现新发展。

（一）坚持政治性和学理性相统一，增强文化自觉

自觉，从根本上说，强调一个人从内心对某件事或自己某个行为的觉悟，强调内心认同某个想法、做法。文化自觉是生活在一定文化中的人对其文化有自知之明，并对其发展历程和未来有充分的认识。从本质上说，是对文化价值的觉悟觉醒，提升文化自觉需要对文化意义、文化地位、文化作用有深度认同，对文化建设、文化发展、文化进步有责任担当，在传承中增强文化自觉。是否具有高度的文化自觉，不仅关系着文化本身的发展和繁荣，而且决定着一个国家、一个民族、一个政党的

前途命运。

"三老四严"作为石油企业文化,亦决定了一个行业、一个企业、一支队伍的发展走向。"三老四严"是历史的又是当代的,是有形的又是无形的,是现实的又是潜在的,是显性的又是隐性的,是精神的又是物质的,"三老四严"本质上凸显的是一切从实际出发、尊重规律的哲学态度,展现的是社会主义企业发展的管理智慧,反映了大庆石油人高度的文化自觉。坚持政治性和学理性相统一,在传承"三老四严"中增强文化自觉,就是要以透彻的学理分析回应干部员工,以彻底的思想理论说服干部员工,用真理的强大力量引导干部员工,对"三老四严"在历史进步中的地位和作用有深刻认识,对"三老四严"的科学内涵有准确把握,对继承弘扬"三老四严"有主动担当。

第一,要始终保持对"三老四严"意义、作用、地位的深度认同。文化唯有历久弥新,以文化引领的队伍方能与时俱进。在第一采油厂的发展实践中,始终坚持探索和创新"三老四严"新内涵、新途径,将"三老四严"与企业发展战略、生产管理、安全环保、党的建设等各个方面紧密结合,充分利用各种资源,让员工时刻工作和生活在"三老四严"的熏陶之中,使其成为看得见、摸得着、行得通的行动指南。一要在思想灌输上下功夫。把学习"三老四严"作为员工入厂、入团、入党教育的第一课,成立由老会战、老劳模、老干部、老工人组成的"三老四严"宣讲团,深入基层、深入一线向员工宣讲会战优良传统,持续开展"'三老四严'立身,原油稳产立功"等主题教育活动,让"三老四严"教育伴随员工职业生涯全过程。二要在联系实际上下功夫。把弘扬"三老四严"作为员工形势任务教育的必修课,每年组织开展形势目标任务责任宣讲报告会,层层推动落实,引导广大干部员工明晰新形势、新任务、新举措,实现干部员工全员听,不断扩大教育覆盖面,构筑石油人的精神家园。三要在丰富载体上下功夫。把"三老四严"作为履行社会责任的"纽带"。充分利用"三老四严"传统教育展室、岗位责任制传统教育室等企业精神教育基地,每年分期分批组织员工参观学习,使之成为油田乃至全国各行各业进行"三老四严"传统教育的"圣地",成为新时期石油人自觉传承大庆精神、铁人精神的"加油站"。四要在创新方式上下功夫。近年来,随着以网络传播、数字传播和全球传播为主要特征的新媒体时代的到来,为"三老四严"的传播带来了前所未有的历史机遇。要广泛应用网络媒体的泛载化、个性化、移动化特点,采取创办各个群体微信公众号、开办网络课堂等形式,推送微文、短视频等方式,满足干部员工的个性化文化需求,发挥新媒体传播优势,使广大干部员工通过喜闻乐见的形式了解"三老四严"精神内涵,不断提高"三老四严"的有效传播效率。

第二,要牢固树立对"三老四严"建设、发展、传承的责任担当。一是在"三老四严"研究方面,通过深入开展"三老四严"文化研究,定题目、定目标、定时间,使课题研究规范化、常态化,不断挖掘"三老四严"新的时代内涵,满足不同群体作风建设需求,满足企业转型升级高质量发展需要,从而使文化内涵更加丰富,教育传承更加科学理性。二是在"三老四严"宣传方面,要通过组织编辑出版"三老四严"的各类书籍,拍摄反映"三老四严"的文艺作品,开展反映"三老四严"内涵的各类文体活动,提高"三老四严"知名度、美誉度,使"三老四严"在员工层面入脑入心,在社会层面耳熟能详。三是在"三老四严"文化理念提炼方面,围绕各单位不同的发展定位、不同的工作性质、不同的历史沿革、不同的队伍特点,提炼形成各具特色的"三老四严"文化理念,使之既主脉清晰又有自身特点,不断赋予"三老四严"新的时代内涵,引领广大干部员工积极投身油田新实践、创造新业绩。

(二)坚持价值性和知识性相统一,厚植文化自信

文化自信就是一种信念、信心。党的十九大报告指出:"中国共产党从成立之日起,既是中国先进文化的积极引领者和践行者,又是中华

优秀传统文化的忠实传承者和弘扬者。当代中国共产党人和中国人民应该而且一定能够担负起新的文化使命,在实践创造中进行文化创造,在历史进步中实现文化进步!"在担负新的文化使命、进行新的文化创造、实现新的文化进步中,国企肩负着重要的使命与责任。要走在时代前列,成为其他企业的表率,不但要有坚定的道路、理论、制度自信,更要有坚定的文化自信。一个没有文化自信的民族和国家是难以自立自强的,一个没有文化自信的企业是难以持续发展的。由于国企在中国特色社会主义事业中的特殊重要地位和作用,担当文化责任不仅是合乎总体布局逻辑的要求,更是国企改革创新的现实需要、发展需要。

"三老四严"是大庆油田的"根"和"魂",符合油田发展实际,符合员工队伍实际,是最深厚的文化软实力,是石油企业生长、发展和做大做强的"沃土",是取之不尽、用之不竭的精神动力源泉。第一采油厂作为"三老四严"发源地、大庆油田的骨干力量,更要模范地履行文化责任,把"三老四严"作为自身最鲜亮的"名片",最独特的文化优势,最丰厚的文化遗产,把优良传统与生产经营管理活动有机结合起来,将其转化为物质文明成果和精神文明成果,具化为文明的行为方式。当前,在传统文化与当代文化相互纠结,东方文化与西方文化相互激荡的背景下,各种文化的交流交锋远远超过以往,需要以更理性、更科学的态度认清"三老四严"的历史、现状和未来趋势,辩证看待新时代"三老四严"体现的宝贵价值。只有站在政治、历史、战略的高度来审视,才能深刻认识弘扬"三老四严"的重大政治意义、深远历史意义和深刻现实意义。

第一,从政治的高度看弘扬"三老四严"的极端重要性。溯源中国石油工业发展历程,正是在以"苦干实干""三老四严"为核心的石油精神鼓舞下,一代又一代石油人战胜物质的匮乏、环境的险恶、差距的鸿沟,迸发出强大的创造力,书写出世界石油工业史上的"中国奇迹"。石油精神在不同时代背景下传承、升华,始终焕发着旺盛的生命力,推动着石油事业不断向前发展。习近平总书记关于石油精神的重要批示，是习近平新时代中国特色社会主义思想在石油行业的生动体现，是"三老四严"在新时代诠释新内涵的有力注脚，是推动国有企业改革的不竭动力。传承好"三老四严"，就要以苦为荣、以苦为乐，推动国有企业改革创新，实现高质量发展，让精神旗帜高高飘扬是必须履行的政治责任。

第二，从历史的高度看弘扬"三老四严"的深远影响。历史需要反思与回顾，也需要总结和归纳。"三老四严"自诞生之日起与企业相伴相随，助推企业一路同行。在企业发展的特殊时段，对历史进行深入思考，可以更好地谋划未来。对于第一采油厂来说，在产油五亿吨、六亿吨，在建厂五十年、六十年，分别进行了回顾与展望，意义更是特殊而重大。"三老四严"是大庆油田企业文化融汇中华民族优秀传统文化最基本、最典型、最生动、最朴素的概况和总结。深入挖掘"三老四严"的时代内涵，必将为奋进的新时代注入生机和活力。

第三，从战略的高度看弘扬"三老四严"的战略价值。当今世界正面临着百年未有之大变局。油田振兴发展具备许多良好条件，但也面临许多前所未有的风险挑战，时刻警示石油人要增强忧患意识、保持战略定力、更加发愤图强、矢志艰苦奋斗。新时代油田振兴发展，是全面振兴、全方位振兴，要从统筹推进"五位一体"总体布局、协调推进"四个全面"战略布局的角度去把握，瞄准方向、保持定力，扬长避短、发挥优势，一以贯之、久久为功，撸起袖子加油干、重塑环境、重振雄风，形成对国家能源安全战略的坚强支撑。"三老四严"作为石油大会战的文化遗产，有着辉煌的过去、巨大的影响，必将在未来奏响时代强音。

党的十九大报告指出，经过长期努力，中国特色社会主义进入了新时代。这是我国发展新的历史方位，是党的十九大作出的一个重大政治判断，是深刻把握当代中国发展变革的时代坐标，更是分析当下所有社

会现象的科学依据,也是传承和弘扬"三老四严"的逻辑起点。正如马克思所言:"物质生活的生产方式制约着整个社会生活、政治生活和精神生活的过程。不是人们的意识决定人们的存在,相反,是人们的社会存在决定人们的意识。"

企业文化自信决定了企业的道路自信、方向自信和发展自信。在构建自身的企业文化时,必须要以增强以"三老四严"为核心的文化自信为目标。企业文化建设的根本目标就是要建立员工的文化自信。通过梳理企业发展成长史,在总结发展经验及发展成就的基础上,不断阐释并赋予"三老四严"新的时代内涵,让员工在真切感受企业发展的艰辛历程和取得的巨大成就的同时,创造出更加符合干部员工需求的方式方法。在教育过程中,一方面讲清楚"三老四严"的产生背景及其影响,深入挖掘会战时期老一辈石油人白手起家、艰苦奋斗的史实,展现石油人气壮山河的奋斗历程,讲清楚奋斗的历程与"三老四严"在新中国工业史上的地位、对于新中国从困境走向新生的意义;另一方面加强对当代中国文化体制改革和文化创新发展进程、成就的总结和教育,引导干部员工更加深刻地认识当代中国国情和当代中国产业工人的文化责任,更加深刻地认识到弘扬"三老四严"就是弘扬社会主义核心价值观,就是弘扬以爱国主义为核心的民族精神和以改革创新为核心的时代精神,增强干部员工对传承"三老四严"的认同感和使命感,自觉地把个人目标与企业发展目标紧紧联系在一起,与企业共创未来。

(三)坚持理论性和实践性相统一,实现文化自强

文化自强,本质上是对文化方向、文化灵魂的正确把握,是对文化传播、文化事业、文化人才队伍建设的协同推进。文化自强的过程,是一个民族、国家、政党、企业自我努力,积极向上,不断凝练核心价值观,增强自身文化的竞争力和影响力,推动文化大发展大繁荣的实践过程。一个民族的觉醒,首先是文化上的觉醒,一个企业的发展,必然伴

随着文化上的发展。文化自觉、文化自信的最终目的在于实现文化自强。只有充分的文化自觉、文化自信，才能知道需要什么样的文化，建设什么样的文化，从而实现文化自强。

马克思主义实践观认为，实践是认识的来源，是认识发展的根本动力，是检验认识正确与否的唯一标准。实践与认识的辩证关系表现在实践决定认识，认识对实践具有反作用。理论作为关于客观世界规律的理解和阐述，都是在一定的历史条件下产生的。客观事物都是在变化、发展的，实践也是发展的。因此，理论一定要随着实践的发展而发展，客观反映具体的实际情况，做到理论和实践历史的、具体的统一。

传承"三老四严"不仅要使广大干部员工从理论高度学懂弄通"三老四严"的科学内涵和时代价值，更为重要的是要充分认识"三老四严"的实践品格，将"三老四严"的优良传统作风转化为促进高质量发展的推动力量。传承"三老四严"并不是单纯讲历史、忆传统，要突出它的实践精神，始终坚持理论与实践的统一，始终坚持与实际工作紧密结合，倡导理论从实践中来，到实践中去，在实践中接受检验，并随实践发展而不断发展。从另外一个角度来说，传承"三老四严"的终极意义在于能够规范指导干部员工的行为，教育引导干部员工当好"三老四严"新传人。"三老四严"能够长盛不衰，始终保持旺盛生命力的根本原因正是它的实践价值。中四采油队的实践充分证明：好的优良作风，不是一声口号就能树立起来的，而是长期的实践养成，将"三老四严"作为队伍的精神准则才能实现从增强自觉、坚定自信，从而走向自强。

在中国特色社会主义新时代的大背景下，大庆石油人的文化自强，不是墨守成规、故步自封，必须始终坚持服务大局，紧紧围绕企业战略部署，使"三老四严"同企业思想政治建设、改革发展、文化建设、队伍建设、党建工作等紧密结合。

一是坚持守正创新，使"三老四严"与时俱进、深入人心。党的

十九大报告强调要重视传播手段建设和创新,提高新闻舆论传播力、引导力、影响力、公信力。要根据内外部环境、企业使命任务、干部员工思想观念、传播媒介方式等变化,适时创新弘扬精神手段。网络的发展、新兴媒体的出现深刻改变着文化传播途径和思想宣传阵地,是外部环境的一个重要变量,运用和把握好其特点和规律,是推动"三老四严"文化繁荣的重要手段。要充分认识新兴媒体的本质和作用,在"三老四严"传承弘扬中,以更加开放的视野、更加前瞻的眼界、更加创新的思维建设使用新兴媒体,走"媒体融合"之路,实现新兴媒体与传统媒体的优势互补,全力完善"三老四严"传播渠道,形成报纸、网络、广播、电视、手机等全媒体互动、立体交叉、多次传播的信息传播格局,形成新兴媒体与传统媒体共融、网络与现实共融的双重传播路径,增强"三老四严"传播的引导力和影响力。通过打破传统思维,利用现代化传媒手段,创新宣传形式,对先进典型进行全方位、立体式宣传报道,增强教育吸引力,突破原有的传承模式,增强"三老四严"传承合力,使红色基因代代相传。

二是坚持以上率下,使"三老四严"同频共振、形成示范。"火车跑得快,全靠车头带。""三老四严"从诞生那天起,其继承和发扬始终离不开各级领导干部的身体力行。好作风是领导干部"以身作则,自觉从严"带出来的。"三老四严"首先对领导干部提出了要求。用大庆油田流传很广的一句话,就是"严格要求,首先从领导干部严起,要求群众做到的,领导干部首先要带头做到;要求群众不做的,领导干部坚决不做"。1964年,会战工委提出领导干部要"约法三章"。虽然进入了新时代,但"约法三章"仍然是大庆油田领导干部不可动摇的行为准则,仍然具有很强的现实意义。群雁高飞头雁领。抓住"关键少数",领导率先垂范,自觉走在前列、当好表率,依然是传承"三老四严"优良作风的重要手段。

三是坚持激活基层,使"三老四严"百花齐放、春色满园。先进典型是党风飘扬的旗帜，是时代树立的正确标杆，是传递"正能量"的暖暖阳光。用典型领跑队伍，更能激发前进的动力和活力。在推动高质量发展，实现油田全面振兴全方位振兴的今天，"三老四严"在实践发展中所涌现的正能量榜样不仅能够感染人、鼓舞人、带动人，更能激励全体员工向榜样看齐，将优秀品质人格化、具体化、形象化，把先进作风转化为可触摸、可感知、可学习的鲜活样本。要结合每个单位的特点，对"三老四严"作出具体践行要求，进一步激发干部员工继承发扬"三老四严"、立足岗位争做贡献的旺盛热情，用先进典型的事迹教育人，用先进典型的精神感染人，用先进典型的经验引领人，充分调动基层积极性、主动性和创造性。

三、"三老四严"的传承载体

第一采油厂的生动实践表明，坚持以"三老四严"谋发展、攻难关、保稳产、促和谐，使"三老四严"代代相传，内化为一厂人的内在品质，成为推动企业发展的强大精神动力。多年来，不管形势如何变化，企业结构怎样调整，人员如何新老交替，一厂人继承"三老四严"的光荣传统从未改变，弘扬"三老四严"的工作力度从未减弱，发展"三老四严"的步伐从未停歇。

（一）加强理论武装，提高政治站位新高度

发扬"两论"起家基本功，通过党委理论中心组集中学习、"三会一课"、员工大会、班前会、微课堂等形式，组织各级干部和广大员工，深刻领会传承"三老四严"的政治性、时代性、紧迫性，促进全员自觉提高政治站位，进一步增强"四个意识"，坚定"四个自信"，坚决做到"两个维护"，永葆"石油工人心向党""坚决听党话跟党走"的政治底色不变，用科学理论武装头脑、指导实践，凝聚起新时期干事创业的精

神力量。第一采油厂60年的开发建设实践证明,"三老四严"是石油战线核心竞争力和独特文化优势的集中体现,是激励一代代石油人爱党报国、奋勇前进的强劲动力。

(二)深化宣传教育,打造精神传承新优势

不断拓展宣传教育的方式方法,广泛开展"'三老四严'传承与发展"宣讲,充实完善新指示、新形势、新要求等内容。持续开展"弘扬传统立标杆,三基工作上水平"活动,培育发展具有代表性的先进典型、标杆基层站队,通过现场观摩、典型交流等方式,进一步共享传承"三老四严"的好经验、好做法。举办"'三老四严'新传人"青年成长论坛,深化劳模创新工作室创建和职工创新创效活动,大力弘扬劳模工匠精神。依托"三老四严"传统教育室等教育基地,进一步加强石油工业史、大庆奋斗史、一厂发展史的学习教育。发挥传统教育基地作用,推进信息化建设,加快提档升级,打造"三老四严"数字展馆,强化展示内容和展示方式的时代感,提升宣传教育的影响力和渗透力。

(三)坚持问题导向,展现干事创业新形象

结合开展"不忘初心、牢记使命"主题教育,坚持以"两分法"为思想武器,对照"三老四严""四个一样"等大庆会战优良传统,开展"对照传统找差距"活动。各级领导干部重点查摆工作作风、廉洁自律、干群关系、担当作为等方面的突出问题;各级机关干部重点查找履职尽责、工作状态、服务基层等方面存在的突出问题;广大员工重点查摆爱岗敬业、遵章守规等方面存在的突出问题。要以自我革命的精神和刀刃向内的勇气,真正把自己摆进去,把职责摆进去,把工作摆进去,认真查找,逐条逐项抓好问题整改,树立真抓实干、群众满意的领导干部形象,树立精干高效、精诚服务的机关形象,树立尽职尽责、"三老四严"的员工队伍形象。

（四）强化典型引领，掀起争先创优新热潮

充分发挥各级各类先进模范人物的示范引领作用，通过事迹报告会等形式，加大对三代"铁人"等英模人物的宣传力度。广泛深入开展学习宣传活动，大力营造学习楷模、争当先进的浓厚氛围，进一步鼓舞士气、激发干劲。持续开展先优评比活动，加大新时期典型培养选树、总结推广力度，打造一批"三老四严"职工队伍群体典型、"'三老四严'新传人"个人典型和"'三老四严'基层队"集体典型，形成人人身边有典型的"比学赶帮超"的崭新局面。

（五）加强理论研究，丰富"三老四严"新内涵

成立"三老四严"优良作风研究会，定期组织开展交流研讨，发挥精神优势推进高质量发展的新思路、新举措。开展"新时代弘扬'三老四严'优良传统"课题研究，深度挖掘"三老四严"发展脉络、时代内涵、传承路径。结合大庆精神铁人精神再学习再教育再实践，利用中心组集中学习、专题研讨等方式，围绕为何弘扬、怎么弘扬、在哪些方面弘扬等开展专题学习研讨，与生产经营、改革发展、提质增效、队伍建设、党的建设等各方面工作紧密联系、融会贯通，形成具体的思路措施，着力提高理论研究成果的实践转化力度。

（六）探索"三老四严+"，培育整体发展新模式

充分发挥"三老四严"的文化优势，积极探索"三老四严+"发展模式，坚持立足当前、着眼长远，用"三老四严"谋发展、定措施、抓落实，将"三老四严"的"严、细、实"内在要求与油田开发、管理提升、提质增效、安全环保、党的建设等工作相融合，为整体发展培育新途径、新模式、新载体。重点推进"三老四严+党的建设"，用"三老四严"严实作风抓党建，坚持在组织体系、责任体系、标准体系、质量体系上求严，在思想、工作、作风上求实，实现党建工作与"三老四

严"深度融合,为推动企业高质量发展提供坚强的政治保证。

(七)注重实践落地,开创振兴发展新局面

围绕"当好标杆旗帜、建设百年油田"奋斗目标,按照《大庆油田振兴发展纲要》要求,制定新思路、新目标、新部署,努力谋求更长时间稳产。坚持党的领导,把握政治建设、思想建设、组织建设、作风建设、纪律建设"五个建设",在永做油田最可信赖的骨干力量上当好"先锋队";坚持精准开发,挖掘水驱控递减、三采稳产、套损治理、新技术攻关接替"四大潜力",在建设全国最大石油生产基地中当好"顶梁柱";坚持技术创新,突出水驱密井网层系调整、二类油层三采上下返和套损区全面治理"三个关键",在推动长垣老区原油稳产上当好"压舱石";坚持精神传承,锤炼复合型管理人才队伍、专家型技术人才队伍、工匠型操作人才队伍"三支队伍",在打造忠诚干净担当铁人式队伍上当好"排头兵";坚持管理升级,抓好油田建设数字化、生产管控信息化、保障服务专业化、岗位操作标准化、专项工程一体化、安全环保风险管控网格化"六个重点",主动适应"油公司"模式改革,在探索科学生产集约高效新路上当好"主力军"。

附　录

一、中四采油队大事记

1960 年
3月　采油指挥部三矿四队成立。同年被会战工委授予"钢铁四队"称号。

1961 年
是年　采油指挥部三矿四队被评为战区"标杆队"。

1962 年
6月20日　国务院总理周恩来到中三转油站视察。

8月10日　全国最高人民法院院长谢觉哉到中三转油站视察。

8月15日　中央军委常委叶剑英到中三转油站视察。

9月　三矿四队分成三个队，现中四队成立。

1963 年
6月19日　国务院总理周恩来、副总理陈毅到中三转油站视察。

9月12日　战区召开工作会议，对会战以来加强基层建设，培养队伍作风的经验进行了总结，在采油三矿四队"三老两严"的基础上形成了"三老四严"。

10月9日　《战报》刊登了《中华人民共和国石油工业部工作条例》，对"三老四严"的内容进行了具体阐述，"三老四严"在全国石油系统贯彻执行。

1964 年

2月24日　会战工委作出了"关于开展向采油三矿四队学习的决定"。大庆《战报》先后发表了《向采油三矿四队学习什么？》和《再论向采油三矿四队学习什么？》的社论。

6月　采油三矿四队被石油工业部授予"高度觉悟、严细成风"锦旗。

7月16日　中共中央总书记、国务院副总理邓小平，中共中央书记处候补书记杨尚昆等领导到中三转油站视察。

7月26日　中共中央书记处书记罗瑞卿到中三转油站视察。

8月4日　全国人大常委会委员长朱德、中华人民共和国副主席董必武到中三转油站视察。

9月19日　朝鲜民主主义人民共和国首相金日成到中三转油站视察。

10月5日　罗马尼亚部长会议副主席毛雷尔到中三转油站视察。

10月12日　会战指挥部副指挥宋振明陪同参加国庆观礼的200余名解放军代表到中三转油站视察。

1965 年

4月　采油三矿四队党支部被石油工业部授予"团结的核心、战斗的堡垒"锦旗。

11月12日　国防部副部长许光达到中三转油站视察。

1966 年

4月　采油三矿四队被石油工业部授予"五好红旗单位标兵"锦旗。

6月16日　会战指挥部命名西9-1井为"五好标杆油井"。

1975 年

4月　中四队被大庆革命委员会评为"先进单位"。

1977 年

3 月　中四队被大庆革命委员会评为"标杆单位"。

10 月至 11 月　油田党委第一副书记陈烈民率领工作组进驻中四队恢复传统。

1978 年

3 月　中四队被石油工业部评为"高度觉悟、严细成风的采油队"。

1980 年

5 月　中四队被石油工业部评为"石油战线模范集体"。

1982 年

5 月 24 日　中共中央书记处书记、中国人民解放军总参谋长杨得志,副总参谋长杨勇到中三转油站视察。

是年　中四队被石油工业部评为"稳产高产采油队"。

1983 年

9 月　中四队被大庆石油管理局评为"劳动定员定额工作先进单位"。

1984 年

4 月　中四队被大庆市人民政府评为"开创大庆新局面的双文明单位"。

是年　中四队被石油工业部授予"社会主义劳动竞赛奖"。

1985 年

是年　中四队被大庆市人民政府评为"双文明先进单位"。

1986 年

1 月　石油工业部部长王涛到中四队调研。

是年　中四队被大庆市人民政府评为"为实现十年稳产做出贡献的双文明建设先进单位"。

1987 年

3 月　中四队被石油工业部评为"全国石油系统同工种基层队社会

主义劳动竞赛双文明一级先进队"。

1988 年

3月　中四队被石油工业部授予"全国石油系统同工种基层队社会主义劳动竞赛铜牌队奖"。

7月8日　中国共产党中央顾问委员会常委邓力群到中四队视察。

1989 年

9月　中四队被大庆石油管理局评为"大庆油田发现30周年（1959—1989）红旗先进单位"。

1990 年

2月　中四队被大庆石油管理局评为"油田管理先进单位"。

5月　中四队被共青团大庆市委员会评为"青年标兵集体"。

1991 年

6月　中四队党支部被中共大庆市委员会评为"先进党组织标杆"。

10月　中四队荣获中国石油天然气总公司"1989—1991连续三年金牌队"称号。

1992 年

2月　中四队被大庆石油管理局评为"双文明建设先进单位"。

6月　中四队被中国石油天然气总公司评为"学习大庆精神，推广胜采二十二队经验的先进采油队"。

6月30日　中四队党支部被中共大庆市委员会评为"先进党组织"。

8月　国务委员李铁映到中四队视察。

1993 年

6月　中四队党支部被中共大庆市委员会评为"先进党组织"。

1994 年

2月　中四队被大庆石油管理局评为"先进集体"。

1995 年

2 月　中四队被大庆石油管理局评为"双文明建设先进集体"。

是年　中四队被大庆市人民政府确定为"大庆市爱国主义教育基地"。

1996 年

4 月　中四队被大庆市人民政府评为"双文明先进集体标兵"。

1997 年

7 月　中四队党支部被中共大庆石油管理局委员会评为"先进党组织"。

1998 年

3 月　中四队被大庆石油管理局评为"先进集体"。

6 月　中四队党支部被中共大庆石油管理局委员会评为"先进党组织"。

1999 年

2 月　中四队被大庆石油管理局评为"双文明建设先进单位"。

2000 年

是年　中四队被大庆油田有限责任公司评为"铜牌队"。

2001 年

6 月　中四队党支部被中共大庆油田有限责任公司委员会评为"先进党组织"。

2002 年

2 月　中四队被大庆油田有限责任公司评为"先进集体"。

7 月　中四队党支部被中共大庆油田有限责任公司委员会评为"先进党组织"。

2003 年

10 月 9 日　全国总工会副主席苏立清、国务院国有资产监督管理委员会副主任王瑞祥到中四队调研。

> 2004 年

4月　中四队被中国石油天然气集团公司确定为"企业精神教育基地"。

是月　中四队被大庆油田有限责任公司评为"青年文明号"。

6月　中四队被大庆油田有限责任公司评为"功勋集体"。

9月17日　中国著名作家魏巍到中四队参观,并题词"三老四严,永放光芒"。

> 2005 年

2月　中四队被大庆油田有限责任公司评为"先进集体"。

7月　中四队党支部被中共大庆油田有限责任公司委员会评为"先进党组织"。

> 2006 年

2月　中四队被大庆油田有限责任公司评为"先进集体"。

7月　中四队党支部被中共大庆油田有限责任公司委员会评为"先进党组织"。

> 2007 年

6月　中四队被确定为"大庆市首批工业文化遗产保护单位",同时被确定为"市级文物保护单位"并授牌。

7月　中四队党支部被中共大庆油田有限责任公司委员会评为"先进党组织"。

> 2008 年

7月　中四队党支部被中共大庆油田有限责任公司委员会评为"先进党组织"。

> 2009 年

9月26日　在纪念大庆油田发现50周年之际,"三老四严"传统教育室正式揭牌。

2011年

7月20日　中四队在中国石油天然气集团公司安全环保会议作经验交流。

2012年

1月　中四队被大庆油田有限责任公司评为"功勋集体"。

7月　中四队被中华全国总工会授予"工人先锋号"称号。

2013年

1月13日　黑龙江省委副书记、省长王宪魁到中四队调研。

8月27日　中国石油天然气集团公司董事长、党组书记周吉平到中四队调研。

是年　中四队被共青团中央、国家安全监管总局评为"全国青年安全生产示范岗"。

2014年

12月3日　中四队安全生产两万天，成为大庆油田安全生产天数最长的基层单位。

2015年

6月30日　大庆油田有限责任公司领导班子到中四队开展"七一"主题党日活动。

2016年

4月13日　黑龙江省委常委、宣传部部长张效廉到中四队调研。

6月7日　中国石油天然气股份有限公司副总裁、大庆油田有限责任公司（大庆石油管理局有限公司）总经理孙龙德，大庆油田党委书记王广昀到中四队调研。

7月　中央电视台《朝闻天下》栏目纪念建党九十五周年特别节目"我们的好传统"，专题介绍"三老四严"优良作风。

7月20日　中国石油天然气集团公司董事、总经理、党组副书记章建华到中四队调研。

7月28日　中国石油天然气集团公司领导干部工作会议在大庆召开，中四队被确定为现场参观调研点。

2017年

5月6日　中国石油天然气集团公司副总经理覃伟中到中四队调研。

7月　中四队党支部被中共大庆油田有限责任公司委员会评为"先进基层党组织"。

8月13日　国务院国有资产监督管理委员会党建工作局局长姚焕到中四队调研。

8月14日　中央文史馆馆员、国务院参事室新闻顾问赵德润到中四队调研。

2018年

7月　中四队党支部被中共大庆油田有限责任公司委员会评为"先进基层党组织"。

12月　李可染画院一行参观中四队，留下"高度觉悟、严细成风""石油英雄撼天动地，大庆精神激励国人"等墨宝。

2019年

3月　中四队被中华全国妇女联合会评为"全国巾帼文明岗"。

6月28日　中四队党支部在中国石油天然气集团有限公司"守初心担使命，践行四个诠释"报告会暨"两优一先"表彰大会作经验交流。

是月　中四队党支部被中共中国石油天然气集团有限公司党组评为"先进基层党组织"。

7月24日　中四队在中国石油企业协会"践行四个诠释"交流会作经验交流。

9月26日　大庆油田举行发现60周年庆祝活动，中四队被确定为现场参观调研点。

11月　中四队被中国石油天然气集团有限公司确定为"石油精神教育基地"。

是月　中四队被国务院国有资产监督管理委员会确定为"中央企业工业文化遗产（石油石化行业）"。

2020年

1月　中四队被大庆油田有限责任公司评为"新时代振兴发展标杆"。

6月2日　中国石油天然气集团有限公司董事长、党组书记戴厚良到中四队调研。

6月24日　中四队在中国石油天然气集团有限公司第三届石油精神论坛作经验交流。

7月8日　中国石油天然气股份有限公司副总裁、大庆油田党委书记、大庆油田有限责任公司执行董事孙龙德，大庆油田有限责任公司总经理、大庆石油管理局有限公司总经理王广昀到中四队调研。

二、中四采油队会议发言摘录

（一）传承"三老四严"作风　创新安全管理方法　筑牢基层安全生产基石

大庆油田第一采油厂中四采油队是"三老四严"优良传统的发源地，组建于1960年3月，现有员工80人，管理油水井278口、计量间15座、转油站2座。建队以来，累计生产原油840万吨、天然气33726万立方米，先后被石油工业部授予"高度觉悟、严细成风""团结的核心、战斗的堡垒""五好红旗单位标兵"称号，荣获中国石油天然气总公司金牌采油队"三连冠"、集团公司"先进党组织"、大庆油田"功勋集体""先进采油队"等称号，被集团公司命名为"企业精神教育基地"。截至2011年6月30日，已经连续实现安全生产18518天。

1）传承"三老四严"，培育安全文化，做到全员重安全

安全文化作为企业文化的组成部分，对员工的思想和行为具有潜移默化的影响。多年来，我们注重发挥"三老四严"这一传统文化优势，积极开展群众性安全文化创建活动，推动安全文化进班子、进班组、进家庭，强化了员工的安全意识，实现了由"要我安全"向"我要安全"转变。

安全文化进班子，强化思想引导。重视安全工作，关键在干部。我们组织队班子认真学习安全工作的法律法规、管理制度、工作部署和领导讲话精神，引导干部充分认清讲安全就是讲政治、讲大局，抓安全就是抓产量、抓效益，保安全就是保稳产、保稳定，增强了做好安全工作的自觉性。围绕加强安全文化建设，深入开展安全理念征集和安全警语评选活动，确立了中四队"三老四严，细节完美"的安全理念，采取学习、宣传、展示等形式，让员工熟知熟记、入脑入心；利用队务会、宣传栏、信息桥、小队网站等载体，向员工宣传安全知识、安全法规；举办安全知识竞赛、演讲比赛、征文、故事会、安全签名等活动，让员工在参与活动中受到教育和启发；建立员工信息档案，根据每个员工的家庭、健康、性格和特长等情况，有针对性地配置岗位、安排工作，解除员工后顾之忧，营造和谐劳动关系；搭建短信提醒平台，适时对员工进行安全提示、安全祝福，营造关爱员工安全与健康的良好文化氛围。

安全文化进班组，强化环境营造。我们把班组作为安全文化建设的重要阵地，结合"五型"班组创建活动，采取"四个一"的方式，积极建设班组安全文化环境。"一栏"，就是在班组设立"岗位安全承诺栏"，每名员工根据自己岗位特点，做出"精心操作每一秒，安全施工每一天""我的设备无隐患，我的岗位无风险"等安全承诺。"一板"，就是设立"安全风险提示板"，针对天气变化、施工作业、重要操作和临时工作，提示员工要注意的安全问题。"一示"，就是在泵房、计量间、维修工房等工作场所悬挂安全警句、张贴安全漫画，员工自己动手在手套、安全帽、安全带等防护品上制作"安全从头开始"等内容的安全警语，进行安全警示。"一讲"，就是坚持班组安全讲话制度，做到班前讲安全，思想添根弦；班中讲安全，操作无风险；班后讲安全，警钟鸣不断。营造了浓厚的安全文化氛围，让员工每天耳濡目染，增强安全意识。

安全文化进家庭，强化亲情感召。安全既关系企业，又关系员工家庭。我们将安全文化延伸到每一个员工家庭，积极构建企业、员工、家庭三方联动的安全文化格局。设立"安全亲情展示板"，将每名员工与家人的合影、亲人的安全寄语挂在醒目位置，员工每天上班，首先看到的是家人期盼的目光和关爱的话语。在每个生产岗位，都设有"安全，家人的期盼；平安，永远的祝福"等警示标识。在《四队纪实》月报上开辟安全动态专栏，以图文并茂的形式刊登员工安全生产先进事迹、典型案例和家人的安全祝福。定期将员工家人请到单位，参观基层建设和生产岗位，召开同心恳谈会，通报安全工作情况，征求员工家人的意见，赢得了他们的理解和支持。员工在浓浓的亲情感召下，"为自己负责，让家人放心"成为自觉行为。

2）传承"三老四严"，提升安全技能，做到全员会安全

实现安全生产，员工的安全技能是根本。实践中，我们坚持把"三老四严"的优良作风落实到安全培训中，本着老老实实的态度，大力加强安全培训和演练，提升了员工的安全技能，实现了"我要安全"向"我会安全"的延展。

培训内容求实，注重针对性。我们把培训内容划分为四个层次，分阶段、有步骤地开展培训：以岗位操作技能为根本，针对不同生产岗位、不同技能水平的员工，依据岗位应知应会，确定不同的培训内容，通过理论学习提素质，通过现场培训提能力，努力使员工做到百问不倒，百做不误；以设备性能、工艺流程、操作规程为基础，充分利用厂培训基地进行模拟培训，使员工达到设备构造一清二楚，工艺流程心中有数，操作规程熟练掌握；以法律法规、管理制度、工作标准为重点，

组织员工反复学习,达到熟知理解、自觉遵守;以风险识别、事故处理为关键,加强预案演练,切实增强应急反应和处理突发事件的能力。2010年5月12日,129排注水干线腐蚀穿孔,我们立即启动应急预案,仅用15分钟就关闭了相距较远的5处切断阀门,用30分钟处理完穿孔,及时恢复了生产。

培训方法求活,注重多样性。我们在队部建立了培训室,在各岗位设立了练兵台,坚持每周三下午技术学习制度不动摇。设立"四个课堂",即"固定课堂":由技术员、技师为员工授课;"流动课堂":把学习场所搬到井场上、泵房里;"互动课堂":新员工与老员工、技校生与大学生、徒弟与师傅结成帮教对子;"交流课堂":交流安全金点子、安全合理化建议和安全技术革新成果。开展"三项活动",即开展"五个一"岗位练兵活动,每日一题、每周一课、每月一考、每季一赛、每年一评;开展安全经验分享活动,组织员工认真学习上级下发的安全事故案例,开展座谈讨论,把别人的事故当作自己的教训来吸取,时刻绷紧安全这根弦;开展"违章纠错"活动,让员工自己当"演员",拍摄违章操作视频,组织员工从中查找不安全行为,加深了对标准操作的认识和记忆。通过灵活多样的培训形式,增强了培训的趣味性和吸引力,在全队形成了"学、练、赛"的热潮。

培训效果求好,注重实效性。为保证培训取得实效,我们坚持理论知识不达标不放过、操作细节不掌握不放过、风险点源不清楚不放过、应急预案不熟练不放过,定期对员工进行考试、考核,使员工达到"五懂五会",即懂设备、会保养,懂规程、会操作,懂流程、会控制,懂故障、会排除,懂安全、会预防。青年女工李文英学习有钻劲、工作有拼劲、作风有严劲,获得了全国石油系统青工技术比赛第二名,被授予技术能手称号,成为全国最年轻的工人技师。全队员工年培训率和技能鉴定通过率均达100%,82%的员工达到高级工水平,共培养工人技师13名、厂级以上技术能手46名,为安全生产提供了可靠的技术支持和能力保障。

3)传承"三老四严",夯实安全基础,做到全员管安全

安全为大家,安全靠大家。工作中,我们继承发扬"三老四严"优良传统,以严细认真的作风抓安全,全员参与、全过程管理、全方位控制,保证了各项工作高标准、严要求、真落实,实现了"我会安全"向"我能安全"的升华。

严肃目标分解,人人承担责任。安全无小事,责任大于天。我们按照全员参与、分解目标、落实责任、共筑安全的思路,将矿下达的8项安全指标细化为18个小项,分解到各个班组,队与班组签订《安全生产责任状》,与员工签订《安全生产合同书》,做到人人肩上有指标,千斤重担大家挑。本着"谁主管、谁负责"的原则,建立干部员工"一岗双责"制度,明确了队长、副队长、班长、岗位员工的安全责任;实行干部"系统管理全责制",每个干部对本系统的安全工作全面负责,进一步落实了安全管理责任。形成了全员齐抓共管、责任共担的安全工作格局。

严明制度执行,事事讲求规范。我们通过建立"两单一本",保证日常安全工作的落实。"两单"即建立《安全工作纪实单》,细化安排每天的安全工作内容,落实安全注意事项,进行工作质量回访;建立《安全监督检查单》,班组每天做好班前检查、班中巡查、班后复查,小队每周进行一次全面检查,跟踪安全工作动态,确保安全工作不走过场。"一本"即建立《安全隐患整改记录本》,每天以班组为单位汇报出现的安全隐患问题,由主管安全的副队长记录并协调解决,对不落实的问题追究责任,使隐患问题得到及时解决,有效控制了生产现场的安全风险。维修班在中305转油站污油回收工艺改造时,动火前安全监督员严格落实"三查"预防措施,当场查出污油管线露出地面部分有砂眼,在隐患排除后,才动火施工,避免了事故发生。

严格标准管理,处处创造精品。我队管辖区位于城市中心,井站分

布在交通要道两侧、居民小区之内,安全责任重大,容不得半点闪失。为了确保安全,我们以创建标准化示范岗为载体,开展"我的岗位保安全、我的岗位创精品"活动,把井站打造成城市一道靓丽的风景线。推行"安全操作后退五步法",熟练操作规程,辨识作业风险,熟知周边环境,考虑相互配合,明确控制措施,养成动手之前先动脑、操作之前先思考的好习惯。深入贯彻落实《中国石油天然气集团公司反违章禁令》,建立"违章曝光台",制定隐患举报奖励制度,鼓励员工像寻宝一样查找安全隐患,对发现安全隐患、举报违章行为的员工进行奖励,调动员工参与安全管理的积极性;对"三违"行为严肃处理,宁听骂声,不听哭声,实现了不伤害自己、不伤害他人、不被他人伤害、不让他人受到伤害的"四不伤害"。全队9个班组全部通过厂标准化班组验收,15名员工被评为厂标准化先进个人。

安全工作只有起点,没有终点。今后,我们将继续坚持弘扬大庆精神、铁人精神和"三老四严"优良传统,扎实工作,精细管理,不断推进安全管理上水平,筑牢企业安全发展的基石,为大庆油田持续发展,为集团公司建设综合性国际能源公司,做出基层单位应有的贡献。

(2011年7月20日,中四采油队在中国石油天然气集团公司安全环保工作会议上作经验交流)

(二)传承"三老四严" 当好标杆旗帜

我们中四队是一支有着50多年历史的采油队,"三老四严"是我们的传家宝。

2009年,国家副主席习近平同志在中国石油天然气集团公司总部调研,浏览中四队网页时指出:"这里是'三老四严'发源地。"

2016年,习近平总书记做出重要批示,要求大力弘扬以"苦干实干""三老四严"为核心的石油精神,凝聚新时期干事创业的精神力量。

党和国家领导人对"三老四严"的充分肯定，激励着四队人不断的传承与坚守。"三老四严"的红色基因已经融入四队人的血脉。

我们四队的历任党支部书记，首要的一件事，就是让每名员工都传承"三老四严"，让这个传家宝在全队人的心底扎根，凝聚成一种强大的精神力量。

走进中四队，78名员工每天晨会都齐声共唱队歌《身在四队做传人》："四队的采油人，都有一个根，'三老四严'是我们的队魂！做人讲求实，干事讲认真，'三老四严'好传统继承不丢根！"这一唱，就唱了整整10年。在大庆油田开展大庆精神大庆传统再学习再教育再实践中，我们更是将传唱队歌、参观传统教育室、请老会战讲创业历史、重温会战年代经典故事，作为全队育人铸魂的规定动作。

有人形象地比喻，"中四队就是个大熔炉"，不管是哪个年代出生的人，不论他的文化程度高低，在中四队"三老四严"作风的锤炼下，都会成为"一块好铁""一块精钢"。

几年前，大学毕业生小高刚来队里时，看到采油队的野外工作环境，心理落差很大。为了帮他尽快融入队伍，队里就安排他做"三老四严"宣讲员。每讲一次他都会感动一次，慢慢地，他从倾听者、讲述者变成了传播者、践行者。现在，小高不仅是队里的生产骨干，还创建了中四队微信公众号，让"三老四严"优良传统被更多的人熟知。

从建队到今天，我们中四队共培养市局级以上标兵、劳模25人。正是"三老四严"这个好作风、好传统，让他们在不同岗位上走得更远、走得更实。

传承"三老四严"，不仅要说得好，更要做得好，这才是硬道理。作为老典型，我们按照大庆油田"当好标杆旗帜、建设百年油田"的总体要求，把好作风好传统体现在项项工作上。

2016年全国两会期间，习近平总书记参加黑龙江代表团审议并发表重要讲话，强调：大庆就是全国的标杆和旗帜，大庆精神激励着工业

战线广大干部群众奋发有为。

作为标杆站队,必须要有标杆担当。近些年,油田含水越来越高、开发难度越来越大。作为最基层的生产单元,我们提出要打造"精准开发的效益型采油队",向精准要产量,靠精准挖潜力。队里一名当了30多年采油工的老师傅,所管的一口油井产量突然下降,为了彻底搞清原因,他翻看和对比了这口井一年内的一万多个生产数据,对地下81个注水层摸了个透,终于找到了"病根",为技术人员编制开发方案提供了第一手资料。

进入新时代,高质量发展成为大庆油田的主题。我们积极响应油田创建效益型标杆"三牌队"的部署,从日常生产的细节想办法、出实招。针对抽油机有的部件加紧了费电、加松了有隐患的实际,全队员工经过无数次的试验和摸索,终于找到了实现设备最佳运行状态的窍门,每口井每天节省5度电,全队一年下来就省下了40多万元。

老油田高含水后期,油水井管理的问题层出不穷。是绕着困难走,还是顶着困难上?四队人义不容辞地选择了后者。我们队有个技校毕业的工人技师方萍,就是整天和生产难题较劲的老师傅。为了搞革新,他拿出老铁人"识字搬山"的劲头,自学石油专业英语,自己翻译英文产品说明书,先后开展96项革新,成为善于解决生产难题的"土专家"。以他为骨干的"方萍维修电工工作室",成为大庆油田技能专家工作室。

这些年,我们体会最深的就是,新时代传承"三老四严",既不能摒弃传统,也不能墨守成规,必须要坚持实事求是,在继承中创新,在改进中加强。我们队总结形成的生产管理"两册三化三控制"、安全环保"两环五控"、节能降耗"十六计"等新方法,为大庆油田基层建设提供了鲜活经验,成为"三老四严"落地生根的实践范例。

传承"三老四严",时间是最好的检验。对于中四队来说,一时做到"三老四严"容易,但几代人的继承和弘扬,需要的是不懈的努力。

50多年来,传承"三老四严"在中四队就像接力赛,一代做给一代看，一代接着一代干。大家请看这幅画，名字叫《岁月》，是我们队一名维修工自己创作的。在他的笔下，半个多世纪的时间，"三老四严"就像一把火炬，指引着几代石油人不断前行。

大庆油田会战时期，中四队干部职工"放大镜检查清蜡钢丝""血染镐把""夜守干线炉""冒雨取油样"的故事广为流传。改革开放以来，中四队员工坚持"锦旗不能褪色，传统不能走样"，样样工作走在前面。进入新世纪，中四队人面对市场经济的大潮，传统不丢，作风不变，坚决做到"不让工作在我手里延误、不让差错在我手里发生、不让虚假在我身上出现、不让传统在我这里走样"。

十多年前，一场特大暴风雪袭击了大庆油田。中四队100多口油井全部停转。风霜雨雪是军令。全队员工自发从四面八方，第一时间赶回队里，蹚着没膝的大雪，连续奋战10多个小时，以最快的速度恢复了全部油井生产。对中四队来说，不讲附加条件，不讲客观理由，一心一意抓生产，实实在在干工作，是每个员工对"三老四严"最好的理解。

几年前，油田进行金牌采油队验收。就在中四队验收前一天，一名采油工在巡井时，发现一口注水井的一个指标与金牌队的要求有0.1的差距，立即向队里进行汇报。在0.1的差距面前，只有两种选择，要么如实上报数据，影响到一个重要的荣誉；要么忽略掉这个0.1的差距，换来有水分的金牌。队干部没有丝毫的纠结和犹豫，如实上报数据，分析差距原因。

在中四队的干部员工看来，"三老四严"讲的就是实事求是，一个微小数据不仅会影响到油田开发，更会让"三老四严"的好传统变色。金牌丢了，以后可以再夺回来；但传统丢了，却永远无法弥补。这就是我们四队人几十年来，对传承"三老四严"的理解和坚守！

从建队到今天，我们累计巡回检查的路线可以绕地球一百多圈，148.34万次巡回检查无一遗漏，录取的5057.13万个生产数据无一差错，25.54万张报表无一涂改，进进出出1727人，没有一个人掉队，

也没有发生一起大小安全事故。

几十年来,"三老四严"作为工作标准被提出、作为精神财富被传承,已经铭记在几代石油人心中。在高质量发展的新征程中,我们会一如既往地珍视好传统,让"三老"不老、让"四严"更严!

(2019年6月28日,中四采油队在中国石油天然气集团有限公司"守初心 担使命,践行四个诠释"报告会暨"两优一先"表彰大会上作经验交流)

(三)弘扬石油精神 践行四个诠释 塑造新时代高质量发展"三老四严"新形象

中四采油队隶属于大庆油田第一采油厂第三油矿,是"三老四严"优良传统的发源地。于1960年建队,现有员工78人,管理油水井362口,计量间11座。经过一代代四队人的不懈努力,20世纪60年代,就被石油工业部授予"高度觉悟、严细成风""团结的核心、战斗的堡垒""五好红旗单位标兵"三面锦旗,新时期,荣获全国工人先锋号、全国青年安全生产示范岗、中国石油基层建设百个标杆单位等荣誉。实现了干部无违纪、员工无违规、安全无事故、荣誉无水分。

2017年集团公司工作会议,对加强党的建设、弘扬石油精神、重塑良好形象作出进一步安排,强调要"用担当诠释忠诚,用实干诠释尽责,用有为诠释履职,用友善诠释正气,树立担当、实干、有为、友善的新风尚"。"四个诠释"的提出,是集团公司党组落实全面从严治党要求形成的重要思想成果,是"两学一做"学习教育的特色实践,是"四个合格"在中国石油的具体化。

按照会议要求,队党支部结合队伍实际进行深入的思考,在实践中深深感到,落实"四个诠释"过程中必须要与实际工作结合起来,要与文化底蕴结合起来,更要与队伍发展实践结合起来。那么,作为"三老四严"发源地,我们认为推进"四个诠释",就是要一贯始终突出"三老四严"。

用担当诠释忠诚，就是践行"三老四严"的使命担当，确保优良传统代代相传。

当前，面对多元化社会思潮所带来的冲击不断加大，队党支部把继承弘扬"三老四严"优良传统作为中四队干部员工的第一使命，通过持之以恒的传统教育增强全员的责任感和担当意识。

坚持传统教育。每个刚分到中四队的新员工，上的第一课是传统教育课，每天做的第一件事是同唱队歌，每周三队务会都要讲身边的严实小故事，坚持在这些常见的、大量的、日常的具体事情中，时时讲作风，处处讲作风，人人讲作风，树立起"进了四队门，要做'三老四严'传人"的价值观，这种深刻烙印，将伴随每个四队人的整个职业生涯。大学毕业生小高刚来到队里时，看到采油队的野外工作环境，心理落差特别大，为了让他尽快融入队伍，队里安排他做"三老四严"宣讲员。每讲一次他都会感动一次，慢慢地，他从倾听者、讲述者变成了传播者、践行者。现在他成了队里的生产骨干，还创建了中四队微信公众号，让"三老四严"优良传统被更多的人知道。

坚持"传帮带"。"导师带徒"是大庆油田的优良传统，队党支部把这项工作作为传统教育的有利抓手。在中四队不管是新参加工作的青工，从外单位调入的员工，还是新任职的干部，人人都有自己的师傅，师傅们自觉担当起弘扬传统的责任，不仅教技术，还传思想、带作风。年轻员工更是主动承担起"接棒"的重任，把"三老四严"作风接过来、传下去。老队长辛玉和每次新领清蜡钢丝，都要拿着放大镜一寸一寸地检查，确认合格才交给岗位工人使用，为我们中四队所有人带了头、打了样。3号井组班长秦梅带领徒弟在计量间量油时，闻到一股油气味，她上上下下地找，反反复复地摸，在距离地面只有三厘米的管线处摸到一滴油珠，及时消除了安全隐患，以实际行动给徒弟上了"三老四严"生动的一课。

坚持发挥榜样力量。在中四队，凡是好的方面，我们就要大发扬、大提倡。坚持打造样板井、红旗设备，让大家照着这个标准干；我们始终坚持这样一个传统，就是一项工作谁家干得最好，就马上去学，要比他干得更好；我们还注重挖掘身边严实小故事，让身边人讲身边事，用身边事教育身边人。每年都要组织评选"'三老四严'之星"，从工作、技术、学习等多方面选树榜样。副队长小沈爱较真儿是出了名的，有一年，我们队新井投产，他拿着尺子挨口井量配电箱接地线的埋线深度。施工单位的人说"地下埋线，上面也看不到，不用这么认真吧。"沈队长却不容置疑地说："越是良心活儿就越要对得起自己的良心。"在他的影响下，我们采油工在新井验收时，人人心中有一把尺，人人跟踪施工进度，人人监督施工质量，提前60天完成投产任务，新井投产一次成功率100%。

就这样，通过每天的耳濡目染、不间断的宣传灌输，干部员工在践行中体现忠诚、在细节处彰显担当，使"三老四严"传统成为中四队员工的一种习惯、一种遵循。

用实干诠释尽责，就是要弘扬求真务实作风，确保原油稳产。

2016年习总书记作出重要批示，要求大力弘扬以"苦干实干""三老四严"为核心的石油精神，凝聚新时期干事创业的精神力量。在四队，对待每一项工作，干部员工坚持发扬钉钉子精神，做到真抓实干、务实尽责。

按照油田"当好标杆旗帜、建设百年油田"的总体要求，中四队坚持与时俱进，确立"三老四严"队训、党支部班子"三个"铭记、新时期党员干部钢铁誓言等以"三老四严"为核心的价值体系，引导员工把严细作风体现在工作中。针对提升队伍规范管理和岗位标准化操作，编制《中四队管理手册》《中四队岗位标准化操作手册》；结合员工素质素养双提升，在强化员工培训基础上，制定《员工行为规范》。一次维修班在油井保养时，发现抽油机底座横向水平出现1.5毫米误差，比规定的误差范围还小1.5毫米，维修工任海波却说："在中四队，1毫米的误差都不能放过，一定要调到精准。"当时天在下雨，他们顶雨作业，反复调了6次，从下午2点干到晚上8点，终于达到零误差的高标准。

进入新的时代，高质量发展成为大庆油田的主题。中四队积极响应油田创建效益型标杆"三牌队"的部署，提出要打造"精准开发的效益型金牌队"，向精准要产量，靠精准挖潜力。开展全员单井分析，让每个人都清楚掌握每口井的生产状态、地下每个层的实际情况，做到"地下会看，地上会干"。队里一名当了30多年采油工的老师傅张成玉，咋也没想到有一天还得往地下琢磨，他先是缠着儿子学电脑操作，技术员值班时他也干脆不回家，追着技术员学单井分析知识。一次，张师傅管的一口油井产量掉得厉害，为了彻底找出问题原因，他翻看和对比了这口井近一年的生产数据一万多个，对地下81个注水层摸了个透，终于找到了"病根"，为技术人员编制开发方案提供了第一手的资料。

近些年，油田含水越来越高、开发难度越来越大。是绕着困难走，还是顶着困难上？四队人义不容辞地选择后者。我们队有个技校毕业的工人技师方萍，就是整天和生产较劲的老师傅。为了搞革新，他拿出"识字搬山"的劲头，自学石油专业英语，自己翻译英文产品说明书，先后开展96项革新，成为善于解决生产难题的"土专家"。以他为骨干的"方萍维修电工工作室"，被命名为"大庆油田技能专家工作室"。

从建队到今天经过59年的发展，中四队从1960年建队之初的13人壮大到现在的78人，从最早管理16口井到现在的362口井，从自喷开采到三次采油，从手工抄录资料到自动生成报表，从单人单井到创新区域化管理。在这种迭代变化过程中，中四队干部员工直面挑战，坚持实事求是，在继承中创新，在改进中加强。创新形成的生产管理"两册三化三控制"、安全环保"两环五控"、节能降耗"十六计"等新方法，为大庆油田基层建设提供了鲜活经验，成为"三老四严"落地生根的实践范例。

用有为诠释履职，就是要永扛红旗做表率，凝聚坚强战斗堡垒。

喊破嗓子不如做出样子，中四队党支部突出基层建设，在实践中形成了"三老四严"抓党建。党支部明确了"三个铭记"，就是铭记历史三面锦旗，铭记经典放大镜照钢丝，铭记嘱托小洞不补大洞尺五；制定了"五个标杆"奋斗目标，即发展求实，做高举旗帜的标杆；作风务实，做弘扬传统的标杆；管理严实，做从严治党的标杆；工作扎实，做队伍建设的标杆；基础夯实，做精优管理的标杆。激励四队人人人坚持做到"三个到位"。一是高度到位，"三老四严"是石油精神的核心要素，不能丢，更丢不起，绝不能让好传统有一点瑕疵，必须"弘扬优良传统，打造五个标杆"，实现老标杆新时代新发展。二是刻度到位，将党支部的战斗堡垒作用刻画为，严把方向，将党建优势转化为发展优势；严抓推进，将党建活力转化为发展活力；严格落实，将党建成果转化为发展成果。三是温度到位，我队每获得一项新荣誉，每完成一个重大任务，每制定一个新的目标，队党支部都借势开展全员大讨论，面对荣誉，讲清差距不足；面对传统，讲清努力方向；面对形势，讲清工作目标，统一全员思想，凝聚发展合力。

队班子成员发挥"火车头"作用，时时处处当先锋、做表率，要求员工做到的，干部要先做到。要求员工掌握的技术，不仅自己先学会，而且要做得更"专业"。副队长陈绍峰是电焊、维修方面的大拿，次次队里比武都是状元。有一次他冒着严寒处理管线穿孔问题，在冻土里一干就是4个小时，引起胃炎发作，疼得直不起腰仍坚持工作。员工们心疼地说："这就是我们'三老四严'的好干部！干部能做到，我们也不能退缩！"井组同事们纷纷主动留下来，在大家的共同努力下，原本一天多的工作量，不到6个小时就恢复了正常生产。

队党支部深入开展创先争优活动，全队22名党员"亮"身份、"立"标准、"做"表率，发挥先锋模范作用。一年小年夜，采油工秦梅下班前发现一口井管线穿孔了，位置就在她的计量间附近。事出突然，大型设备不能马上到位。"没设备就自己挖"，秦梅二话没说，拿起镐就刨。当时，外面零下 30 多摄氏度，一镐下去就是个白点，根本刨不动。可是她没有放弃，还是一镐一镐接着刨。手僵了哈口气搓搓，脚麻了就使劲跺跺。就这样四个多小时，她硬是刨出个一米多深的作业坑，找到了穿孔点。晚上十点多，活终于干完了，当她掏出手机的时候，看见的是父亲的十多个未接来电。秦梅的故事和 50 多年前老标兵杨德福"血染镐把战严冬"是特别相似，虽然时代不同了，但新老石油人传承"三老四严"的基因始终不变。从建队到今天，中四队共培养市局级以上标兵、劳模 25 人，累计巡回检查的路线可以绕地球一百多圈，148.34 万次巡回检查无一遗漏，录取的 5057.13 万个生产数据没有一处差错，25.54 万张报表无一涂改，进进出出 1727 人，没有一个人掉队，也没有发生一起大小安全事故。

用友善诠释正气，就是要树正气育清风，增强队伍的使命感。

在四队，党员干部不仅要发挥好骨干中坚作用，更要当好正能量的传递者，既要践行使命，从自身做起，又要传递敬业、正气，保持"员工无违规、干部无违纪、安全无事故、荣誉无水分"的目标。

架起"十个不能碰"的"高压线"。多年来，队党支部始终将杜绝党员、干部和员工的不良行为作为净化队伍风气的关键点，结合实际制定党员干部"十个不能碰"要求，通过"全天候、全方位、全过程、全覆盖"的严格教育管理，引导广大党员、干部和员工自觉守底线、拒红线、远离高压线，主动成为正能量的传播者。多年来，党员干部无一人违法违纪，群众满意率始终保持 100%。

围好 8 小时之外的"警戒带"。随着现代新媒体的广泛应用，社会上一些不良信息和错误思潮对员工的人生观、价值观产生一定影响。为筑牢思想防线，队党支部建立动态舆论管理机制，高度关注员工 8 小时之外的生活内容。建立党员干部"三进"要求，即进网络平台、进微信群、进社交圈，做到一个党员就是一个宣传者，一个党员就是一个微信群的监测者，一个党员就是舆论信息的负责者，做到处处有党员管理、

事事找党员负责、群群有党员监督。高度关注员工的思想变化和心理感受,有解不开的疙瘩勤沟通、有想不明白的问题勤沟通、有破不开的心结勤沟通,用8小时之内的心理疏导,稳控8小时之外的不确定因素;用8小时之内的管理,掌握8小时之外的动态;用8小时之内的教育,约束8小时之外的行为,引导员工主动屏蔽负面信息,汲取正向能量。

夯实责任管理的"防火墙"。在队班子中,推行"1+4"协作机制,完善干部"一岗四责"制,每名干部都肩负"管业务、管安全、管党建、管党风廉政建设"职责,制定干部党风廉政建设责任清单,明确书记、队长为第一责任人,副队长、技术员负责分管一路的党风廉政建设,严格落实责任,做到守土有责、守土负责、守土尽责,努力构建"一级抓一级、级级盯责任,一层对一层、层层抓落实"的责任体系,推动从严治党要求在基层党组织的贯彻执行。

步入新时代,中四队坚持不忘本来、继承创新,在高质量发展的征程中,一如既往地珍视好传统,让"三老"不老,让"四严"更严。

(2019年7月24日,中四采油队在中国石油企业协会"践行四个诠释"交流会上作经验交流)

(四)"三老四严"守住根　攻坚克难战严冬

中四队是"三老四严"发源地。提起"三老四严",大家都不陌生,1963年就写进了《石油工业部条例》,2016年,习总书记又把它作为石油精神的核心专门做了批示。这么多年,"三老四严"已经刻进我们一代一代四队人的骨子里,我们队:建队60年,全队进进出出1727人,无一人违法违纪;截至今天,安全生产22031天,没有一起大小事故;荣获省部级以上荣誉28项,没有一项荣誉带着水分。可以说,靠着"三老四严"这样的优良传统,我们战胜了前进道路上的一切艰难险阻。

我们是搞石油的,每天看看油价就和关注天气预报一样,成了习惯。作为最普通的采油工,我们不能改变油价,市场不由我们控制,但我们可以管好自己,可以琢磨怎么才能把紧日子过成好日子。

由于开发时间长,管线老化、穿孔是常事。就拿我们队来说,一共625条管线,超20年的就有34条,按照规定,服役15年以上的可以申请计划更换。前段时间,2号计量间集油管线一周穿孔3次,按计划排得3个月后才能换。时间就是产量!大伙儿一商量,不能等!

队长王一伦带着技术员和维修班,扛着铁锹、背着探测仪,一米一米地找管线走向。那段时间总下雨,有很长一段管线埋在沼泽里,有人就说,碰到水咱先绕着走,找到两头就能估个大概了。王队长说,"大概"可不行,一寸也不能绕,咱干啥都得符合"三老四严"这几个字。说完带头穿上了水衩,第一个趟进了泥水中。仪器信号弱,他就带着大家拿锹挖,一米多深见了管线,旁边插上小旗,再埋回去。一路走一路挖,从早上9点到下午4点,插了900多个小旗,管线走向一目了然。第二天早上5点,10人组织的会战队伍就沿着探好的路,边运管线边挖沟,遇到灌木丛,挖沟机进不去,车辆靠不上前,大家就用手挖,人拉肩扛运管线。90后的小蔺中了暑,不想让大家知道,主动要求到最前面探路,偷偷吐了两回都没吭声,但手里的小旗一个都没有耽误、一个都没有插错;维修班长任师傅脚踝老伤发作,咬牙忍着疼跟着干,直到脚肿成了馒头,实在疼得受不了摔倒了。四个人帮忙,费了好大劲才帮他把鞋脱下来,队长劝他说,"老任,都这么重了咋不跟我说?"他说,"我要是吭声了,自己掉了队,还得搭上俩人送我回去,那多耽误事儿啊。"就这样,仅用两天时间,每根重300多斤,总长3.7千米的管线全部就位。随后一周,大家又配合矿管焊班一起换完了所有的管线。中四队用一周劳动抢回了3个月时间,不仅抢出了将近30吨产量,而且节省了十多万的施工费。

采油队还有一个活儿,就是天天测油井电流和压力。这几年,我们队从94人减少到72人,人均管井从10口增加到18口,巡检工作量

不断增加。

　　电工方萍是我们队的创新"大拿",他就琢磨,要搞一个装置,让数据自己传回来。他白天跟着采油工上井学流程,晚上捧着书本学电器工艺,一有时间就跟着队里的计算机能手小赵学编程,为了看懂进口元件说明书,起早贪黑学专业英语,笔记记了五大本。"5+2""白+黑",整整熬了四个月,反复论证近百次,拿出了设计方案。配件不足就网上淘、旧货市场跑、井上站上找,经常为了一个市内买不到的配件,节假日坐几天的长途火车去外地买,光做实验用过的电路板就装了一麻袋。

　　新设备终于能测出电流了,可自动采集却难住了他。有线连接不现实,无线连接没设备。有天回家,他突然受到电梯门的启发,就上网找到了接触式感应器。每口井参数不同,需要一个一个试,他就跑遍了全队200口油井安装测试,成功实现了采集功能。要说这人啊,没有满足的时候,一次,小刘无意间跟他说:"这数据要是像手机收短信似的,能自动接收就好了。"方师傅眼前一亮,咱可以搞远程传输啊!他把自己的两个旧手机都拆了,把芯片装到电路板上,又带着队里的技术骨干先后解决了电源、解析等20多个难题,终于做出了电流实时监测装置。

　　有了成果,大家都高兴坏了,但方师傅却说:"先别高兴,这东西是成了,但咱东北冬天零下30摄氏度、夏天零上30摄氏度,它能不能扛住?再说还有三个多月的雨天呢。"于是,他又发动大家找来旧冰箱、微波炉和大水盆反复模拟测试,更换了100多个不适用的元器件。近两年时间,经过26次优化、上千次试验,现在只要打个电话,油井运行工况、电流、压力、掺水温度都能自动发到手机上,故障、停机也能在第一时间自动报警。我们做了个测算,一口井一年可缩短延误启停24小时,全队节约用电近万度,少影响产量200多吨。队里人都说这可真是"市场买不到、厂家不制造、生产真需要"。

　　只要精神不滑坡,办法总比困难多。面对这场"冬训",我们更要用好"三老四严"传家宝,让"一切成本皆可降"的思想深深扎根在每个人的心里,刀刃向内挖潜力、斤两必夺创效益,用我们提质增效的实际行动,展现老标杆的新风采。

(2020年6月24日,中四采油队在中国石油天然气集团有限公司第三届石油精神论坛上作经验交流)

三、"三老四严"相关宣传

(一)大庆作风是怎样养成的?

《人民日报》编者按 大庆的作风就是三八作风的具体化,它是大庆人活学活用毛泽东思想的产物。

培养革命作风,要有个标准。这个标准就是毛泽东同志提出的三句话八个字的三八作风。三句话是:坚定正确的政治方向,艰苦朴素的工作作风,灵活机动的战略战术。八个字是:团结、紧张、严肃、活泼。三八作风同大庆的实际相结合,就成为以严、细、准、狠为中心的"三老""四严""四个一样"的作风。

大庆的作风,体现了革命精神和科学精神的结合,反映了石油工业现代化生产和建设的要求,也反映了广大职工的革命愿望。

大庆人非常重视培养革命作风。培养革命作风的关键,在于领导者首先要坚持革命的作风,处处以身作则,处处严格要求,说到做到,从上到下,人人实行。

革命的好作风和革命的思想一样,看不见,摸不着。但是,一旦被广大群众掌握住了,人人都养成了好作风,那就会转化成为强大的物质力量。哪个单位作风好,哪个单位就成为一个革命的大熔炉,一切新的成分加进去都会起变化。接过好作风,变成新样子。这样的作风,一个人带一个人,一个单位带一个单位,就把整个队伍带出来了。好作风有如接力棒,可以一代传一代,世世代代传下去。

培养作风就是培养队伍的战斗力

大庆有一种无形的巨大力量,这就是大庆作风。作风是看不见、摸不到的,但它确实是客观存在的,一下子就使你受到感染。

也许可以从某些现象上觉察到这种作风的力量,比如,井场外平平整整,仓库里整整齐齐,采油井口装置、分离器及其他设备干干净净,井场无污油,井下无落物……但是这一些远远不能表现他们的作风的全部威力。

大庆的作风,就是三八作风的具体化。大庆人用革命的精神培养了革命的作风。他们不搞形式,而讲求实干。他们一直强调树立以严、细、准、狠为中心的"三老""四严""四个一样"的作风。

"三老"是当老实人,说老实话,做老实事。

"四严"是严格的要求,严密的组织,严肃的态度,严明的纪律。

"四个一样"是黑夜和白天干工作一个样,坏天气和好天气干工作一个样,领导不在场和领导在场干工作一个样,没有人检查和有人检查干工作一个样。

这些,已经被广大职工接受,成为自觉的行动。

有了好作风,就有了战斗力,人们就能雷厉风行,闻风而动。不管打什么硬仗、恶仗,都拖不垮、打不烂;不管到什么地方,都眉不皱、腿不软;不管是一个队、一个组还是一个人,不管是单独执行任务还是集体行动,都是靠得住、信得过的。好作风,可以起领导上和生产管理制度上不能完全起的作用。有了好作风,即使队伍中有些落后的人,也能够带好。

反"老毛病"是阶级斗争的一种表现

为什么要培养以严、细、准、狠为中心的作风呢?这是因为,在某些领导干部中原来存在着"一粗、二松、三不狠"的毛病;在某些技术干部中,原来存在着"粗估、冒算、大平均"的毛病;在某些工人中原来也有一些"马虎、凑合、不在乎"的毛病。这些毛病，都是一些习惯势力，只有逐步把它们打倒，才能建立革命的新风。

反"老毛病"，实质上也是阶级斗争的一种表现。在斗争中，一定要心狠，直到把它们反掉，而不能手软。

狠反老毛病要突出政治。一九六一年，一个钻井队打了一口不合格的井。井虽然不合格，但可以凑合出油。谁想到，油田领导做了决定：坚决把这口井填死！这可把大家急坏了。井是大家打出来的，领导同志、工人、技术人员不知为它付出了多少辛苦，国家花了很多的钱。勉强用下去，这一切似乎都可以得到补偿，石油当时还是国家所缺少的呀！把它填死，不是全都"浪费"了吗？可是，这种种理由，丝毫动摇不了领导的决心。当然，领导上决不会轻易把它填死完事，他们的目的是把这口废井作为一个反面教材，让全体职工永远记住这个教训。为了这件事情，开了几天上万人的大会，把高水平、高速度地开发油田的伟大政治意义讲了个透，发动群众把各种各样的"老毛病"揭了个透，搞得不少人头上出汗、眼中流泪。从此以后，一口口高质量的直井就不断打了出来，斜度从五度、四度、三度一直下降到二度、一度、半度。无产阶级的过硬作风凝成无数高质量的油井，为国家作出了越来越大的贡献。

革命作风在同习惯势力作斗争中产生。习惯势力常常是习以为常、察觉不到的。没有革命的自觉性，很难反掉它。有一次，王进喜同志到井场检查工作，一眼看到一个工人用油去擦机器，然后将满手油污擦在身上。王进喜觉得这是个坏作风，应该改掉，就提出了批评。这个工人说："我第一天到井场，看见师傅就是这样做的。"王进喜又找来师傅，批评他没有带好徒弟。师傅说："当初我学徒的时候，看着你也是这样做的。"王进喜听到这句话，马上向工人检讨自己的老毛病："你们千万别跟我学这种坏作风。"此后，他随时随地注意克服自己的老习惯、老毛病。他经常跟工人讲这件事。他们还把老毛病列榜，贴在床头上或值

班房里，领导检查，群众监督，改一条减一条，犯一条加一条，使老毛病没有容身之地。

"严、细、准、狠"

"严、细、准、狠"，头一个是"严"。"严"是现代化企业的客观要求。"严"就是认真。认真，就是对工作卡得非常紧，一点也不含糊，一点也不迁就，永远不满足已经达到的水平，有了差错，决不原谅自己。有了严的作风，工作就有条理、讲质量、合规格。

"严"，还要"细"。细就是工作抓得细致。办石油工业，地下作业多，高温高压作业多，隐蔽工程多，工种多，如果不"细"，就会搞乱搞错。

"准"，就是工作抓得准。要抓得准，就要看得准。问题看不准，就会犹豫不决，下不了决心，或者下了错误决心误了大事。

问题抓准了，还要"狠"，狠就是"抓得紧"，一抓到底，毫不放松。

大庆的"严、细、准、狠"表现在哪里呢？到大庆的同志可以很容易地找到上百成千的例子。这里可以摘引几个：

有一次，机房工人胡宗正接梁景荣的班，发现减速箱上的六个螺丝丢了一个，梁景荣另找了一个配上了。胡宗正说："这可不行！"一定要梁景荣把原来的那个螺丝找来，如果坏了，也要拿来看看。因为，如果那个螺丝丢到齿轮里去就会造成大事故。一个小小的螺丝上哪里找去呢？但是，非找不可。梁景荣不知费了多大力气，到底把那个螺丝从地板缝里找了出来，这才完了这回事……

一天傍晚，"硬骨头"车队完成了全天的紧张任务，满载着胜利回来了。停车场上顿时热闹起来。小队长张廷栋特意到青年司机小宋的车旁，看他"例行保养"搞得怎样。小宋蛮有把握地说："车子开出去不抛锚，开回来就是五好。"张廷栋听这话有点不对头，就爬到车底下细心检查，发现大箱螺丝松了半扣，要小宋拧紧。小宋不以为然，他认为：汽车这玩意儿成天颠簸，还有不松个一扣半扣的？张廷栋对他说："例行保养制度是管好车辆的基础，执行时决不允许有半扣之差。万丈高楼的基础有一角不牢，就有坍塌的危险。半扣之差，也会败坏作风，紧了半扣，正是为了今后万里行车！"

有一次，油田开发研究室的技术干部画了一张向油田总部领导汇报的图纸，漏掉了像小米粒大小的六口油井。后来发现了这件事，研究室主任和党支部书记带领大家一起检查了两天。为了使每个人记住这个教训，大家决定毁掉这张图纸。他们把这张图纸剪成若干小块，分给全室每人一块，把自己的缺点写在上面，保存起来。以后，每月把这一天当作"纪念日"来过，认真检查一次自己工作上的缺点。

用高标准引导群众向前看

怎样使广大职工自觉地实现"严、细、准、狠"的要求呢？首先得有明确的目的性。一切工作都要有一个高标准，不能"降格以求"。工人说："要保持严、细、准、狠的作风，就要把低标准当'敌人'消灭。"

大庆会战一开始，油田领导就提出了经过努力可以实现的高标准。例如，打井质量，一般井斜允许五度以内，这样并不影响生产，外国也是这样规定的。大庆则提出不超过三度，差一点也不行。打井质量是这样，其他工作也是这样。

为了实现高标准，大庆的总机厂职工曾经讨论过这样一个问题："拿到合格证算不算完成任务？"开始，有人说："修理工完成任务的标志就是合格证。"有人反对："即便拿到了合格证，如果我们修车质量不高，还不能算完成任务。"又有人说："发了合格证以后，再发现质量不好，那是质量检验员的问题。"又有人反驳道："要是为了拿到合格证，千方百计地糊弄检验员，那能怪检验员吗？"最后，绝大多数人都认识

到:"我们搞机修是为了革命,为了保证'前线'搞好生产,不能只为合格证而奋斗。当然,合格证还是要,但一定要'货真价实'的合格证,不要马虎、凑合、过得去的合格证,更不要弄虚作假的合格证。"

为人民服务是无限的,高标准是发展的。大庆的工作标准逐年有所提高。例如,一九六一年,油田领导提出"质量不合格的就推倒重来";一九六二年,在有了一定思想基础之后,又提出"好中求多,好中求快,好中求省";一九六三年,提出了"质量一次成功";一九六四年,进一步提出"项项工程质量全优"。一步一个要求,引导群众始终向前看。工作做好了,好作风也逐渐养成了。

革命自觉是革命作风的基础

有位外地来大庆的同志对我们说:"我们前两年在这里学习,看了这些以后,归纳成'从严'二字,回去就照办了。结果,形式上'严',实际上严不了;少数人'严',多数人'严'不了,反而出了不少麻烦,也出了形式主义。现在我们才懂得:大庆的作风不是形式,而是牢固地建立在革命自觉的基础上的。没有自觉,就没'从严';没有过硬的政治思想工作,就没有自觉。"

确是这样。这里生产上出了一点差错,为什么人人挺身而出、提出意见?为什么大家"议论纷纷"?为什么大家都把它看成"革命作风"问题?这是由于多数人是自觉地为革命而生产、而工作,是靠群众的革命自觉,不是靠惩办主义"惩办"出来的,不是靠命令主义"命令"出来的。革命自觉是革命作风的基础,这是大庆人的结论。

自觉的要求是什么呢?大庆人说:"要为人民负责一辈子""不能怀有个人的杂念""完全是为着解放人民""彻底地为人民的利益工作"。

执行制度,主要靠自觉,单靠检查,是不够的。第一采油指挥部采油工王淑芳同志的亲身经历很能说明这个问题。去年一月,她父亲从外地来看望她,父女已有三年没见面了。一天,她正在值班清蜡,父亲跑到井上，叫了一声"淑芳"。她抬头一看，哎呀，爸爸来了。她的心情很激动，也很矛盾。按制度规定，清蜡时不准说话。现在是"说话呢还是不说话呢？"她想到："一个解放军战士在战场上打到最后一个敌人，如果不把他消灭掉，就不能算彻底胜利。现在钢丝在井里还有一百米，停下来就要丢掉刮蜡片，就要破坏制度"。她没有同父亲答话。父亲等急了，走了。王淑芳下班后，她的父亲还在生气，说："你喊我干什么，你都不认我啦。"等到父亲了解了真相以后，笑着说："你们大庆真严啊！"

（来源：《人民日报》1966 年 1 月）

（二）"三老四严"的革命作风——《解放军报》刊登大庆基本经验介绍（摘录）

在毛主席革命路线指引下，大庆发扬我党的优良作风，用三大纪律八项注意教育干部、群众，结合油田实际，逐步培养总结出一个"三老四严""四个一样"的革命作风。"三老四严"是：对待革命事业，要当老实人，说老实话，做老实事；干革命工作，要有严格的要求，严密的组织，严肃的态度，严明的纪律。"四个一样"是：不论是一个小队、一个班组、一个人，在工作中要黑夜和白天一个样，坏天气和好天气一个样，领导在场和领导不在场一个样，没有人检查和有人检查一个样。

"三老四严"的革命作风，体现了大庆工人阶级对革命事业的极端负责，对党对人民的无限忠诚。他们不论干什么工作，都有一个共同的出发点："要为油田建设负责一辈子"。油建十一中队就是这样一个"自觉从严，好字当头"的标杆单位。他们在施工建设中，一贯坚持质量第一，针尖大的问题不放过，头发丝大的差错不含糊，"宁要一个过得硬，不要九十九个过得去"，不满足拿到质量合格证，敢为工程负责一辈子。从 1960 年会战以来，这个队共装油井、水井二千七百七十套，

管线一千四百千米，建泵站二十八座，总共焊接七十四万多道焊口，做到了口口不渗不漏，投产一次成功。广大群众称赞他们是"政治挂帅不转向，集中施工讲质量，单人操作自觉严，分散作业不变样"。还有一个硬骨头十三车队，一九六二年建队以来，他们北到前哨满洲里，南到黄河两岸中原大地，集体安全行驶三千四百二十九万多千米，等于绕地球八百五十多圈，拉运各种物资三百八十多万吨。无论成队出车，还是单车独放，都自觉做到"久住林海不拿不买一寸木材，身在稻米之乡不换不买一斤大米。车行万里一尘不染。为公，革命加拼命；为私，车轮一动不动"，荣获了石油化学工业部授予的"硬骨头车队"的光荣称号。

　　大庆"三老四严"的革命作风，是从日常的、大量的、细小的事情上抓起，坚决和那种"马虎、凑合、不在乎"的坏作风斗争，一点一滴培养起来的。在大庆有一个"难忘的四·一九"纪念日，那是指的一九六一年四月十九日。当时，有一口新打的油井斜度稍微超过了他们规定的新标准。本来可以出油，而且同老矿区打的井比起来已经不错了。但是，他们不马虎，不凑合，横着心把它填死、封掉，推倒重来。四月十九日这天，会战指挥部在这里召开了万人大会总结经验教训，开展了以提高打井质量为中心内容的群众运动。从这以后，队队自觉从严，井井实现"笔直"。十几年来，大庆抓作风培养，从未放松。在"四人帮"大肆煽动无政府主义的时候，一个采油工没有交当天的生产报表就下班回家了，如果按头一天的报表估个数字也能"凑合"。但是，中队和大队都没有这样做。两级领导连夜召开紧急会议，一致认为"一针不补，十针难缝"，如果让这种不负责任、自由散漫的不良习气泛滥起来，就会败坏作风，腐蚀队伍，贻误革命。会后中队长和大队长连夜到这位工人家里做思想政治工作，并和她一起冒着凛冽的寒风，步行十几里，到采油指挥部党委作检讨。两个队长一进门首先作自我批评，检查自己抓作风教育不力，主动承担忘交报表的责任，使那位工人感动得流下了眼泪，受到了一次深刻的作风养成教育，决心继承好作风，接好革命班。

大庆养成"三老四严"的作风，关键在于领导从自身严起。在大庆化肥厂会战中，由于操作不慎，吊装一套装置时碰弯了地脚螺丝，耽误了三十四分钟，油田主要负责同志在党委会上、万人大会上反复检讨十次。油田还开过一次别开生面的现场会。会场中央放了十根十米长的钢筋混凝土大梁。就是最能挑剔的人，也很难在这些大梁上找出什么毛病。但是，油建指挥部的负责人却在会上认真地检讨了他们作风不细、检查不严，大梁少数地方比规定宽出五毫米。五毫米只不过是一个韭菜叶宽！但大庆的领导干部就是这样一丝不苟。各级领导干部纷纷检查完之后，大家抄起铁铲，拿起磨石，硬是把大梁上宽出的五毫米铲掉、磨光。锤硬锻好钢，大庆领导干部这种模范行动就是无声的命令。同时，大庆领导干部对工人队伍也敢严格要求，对错误的东西不姑息、不迁就。有一年支援新油田会战，他们发现一个井下作业队思想工作没做好，作风不过硬，已经上了火车，硬是从哈尔滨截回来，改派一个标杆队去参加会战。由于大庆敢于严格要求，因而工人队伍养成了过硬的作风，战斗力很强，党指向哪里就能打到哪里，打到哪里就能红到哪里。

　　大庆"三老四严"的革命作风是在同错误路线作斗争，特别是同"四人帮"作斗争中坚持下来的。不同的阶级有不同的作风，不同的作风为不同的路线服务。大庆"三老四严"的作风，是大庆执行毛主席革命路线的重要保证，是推动革命和生产不断发展的巨大力量，因此遭到了"四人帮"的疯狂反对。他们恶毒攻击"'三老四严''四个一样'是奴隶主义"，是"套在工人脖子上的精神枷锁"，是"主张对工人实行资产阶级专政"，等等。他们反对"三老"，就是提倡搞阴谋诡计；反对"四严"，就是煽动无政府主义；反对"四个一样"，就是提倡反革命两面派。他们妄图全面否定大庆的革命作风。大庆人看穿了"四人帮"的罪恶阴谋，在"四害"横行，无政府主义猖獗的时期，更加自觉地发扬"三老四严""四个一样"的作风。分散在茫茫大草原上的采油工人，

单兵作战,无人监督,始终严守岗位;井场离食堂几十米,硬是坚持带饭上岗;抬头就是银幕,硬是不看电影认真巡回检查油井;不分黑夜白天,不管风雨飞雪,按时取全取准各项数据,保证油田持续稳产高产。

粉碎"四人帮",革命作风大发扬。大庆工人阶级决心把"三老四严""四个一样"的作风当作革命的传家宝,一代一代传下去。

(来源:《大庆战报》1977年4月5日)

(三)严细认真的好队长——记三矿四队第一任队长辛玉和

1962年8月,随着油田建设的不断发展,大庆工委决定,把当时的采油钢铁四队分为三个采油队。辛玉和被任命为三矿四队的队长。第二天,辛玉和便带领12名职工,来到了新区。当时,井场上的钻机还没有全部撤走,采油树还都没有刷漆,井场周围杂草丛生,高低不平,油污遍地。在一片荒原上,点缀着数十口"光屁股"井。说是安家落户,可房无一间。他们只好挤在老三矿的一个破烂不堪的库房里。白天辛玉和带领大家怀揣野菜团子干在井上,吃在井上。晚上,组织大家围坐在煤油灯下,响应会战工委的号召,学习毛主席《矛盾论》《实践论》,促膝谈心,鼓舞斗志。面对艰苦的条件,同志们响亮地说:"天塌下来我们顶,地陷我们填,钢铁意志英雄胆,不创标杆非好汉。"辛玉和还将12人中仅有的3名党员组成一个临时党员小组,重活累活干在前,带领大家分头做开井的准备工作。按照上级要求,三矿四队所管的油井都按时投产了。

油井投产后,辛玉和想,要管好油井,带好队伍,必须要培养好的作风。自己作为第一任队长,一定要大胆要求,打个好底。

辛队长管生产确实严,而且严中有细,工作做得扎实、深入细致。一次,工人老张值班清蜡时,松开刹把下刮蜡片,而且没有按规定对准记号,违反了操作规程。刚好被到井场检查工作的辛队长看见了,受到了严厉批评。老张一时转不过弯来:"队长,采油工作咱干 11 年了,还没出过事故,你放心。"辛队长严肃地说:"我信任你,知道你是位老师傅。可是刮蜡片并不知道你有 11 年的经验啊,你不按操作规程办事,就会出事故。"夜里,老张躺在床上思前想后,感到这位一贯对同志十分热情的队长,今天为什么会这么不客气。辛玉和队长平时所说的一些话,又在张师傅耳边响起来了:"国家把一口几十万元的油井交给我们,这是一份光荣,也是一副重担。我们要真正做出个样子……"想到这些,张师傅躺不住了。心里想,辛队长严得对。他翻身下床赶到队部,向辛队长认了错,这时已经是深夜一点多钟了。

1963 年 5 月,队里组织大搞井场规格化。工作量大,大家起早贪黑干。采油工张祥贵为了赶进度,怕被别的井组超过,在给采油树刷油漆时,没有按照统一规定去刷。辛队长检查时,一看不合格,硬是让他把漆刮掉,重刷。在油田开展的岗位责任制检查中,三矿四队因为资料、设备等管理得好,受到了检查团的表扬。四队的工人们说:"没有队长的严格要求,哪有这样的成绩。按辛队长的严格要求去做,没错!"

有一口井井场边上是个水坑,使井场差 2 米达不到 50 米 × 50 米见方的规格化要求。技术员和管井工人认为,如果按要求搞,土方任务要增加许多,差 2 米就差 2 米吧,反正又不影响油井出油。辛队长发现这个问题后,坚持要求按规定办,终于将井场垫得非常平整。事后,他对技术员说:"对上级规定,我们打了折扣。今后我们布置的工作,到工人中也会打折扣。一个井场差 2 米,影响是不会太大,但它对今后队伍树立一个什么样的作风,有深远的影响。"辛玉和同志对"严了紧了出状元,松松垮垮出懒汉"的道理深有感受。他说:"做事情要干就得像个样子,就得干漂亮,就得有个争第一不甘当第二的劲头。"

三矿四队成立时间不久,职工技术水平不高,特别是有一些新调来的同志,还没有掌握采油的基本功。辛玉和队长就组织全队职工大搞技术练兵。一天,在某排一井,青年工人小吴等 4 名同志在辛队长辅导下，练习连接刮蜡片的硬功夫。他们一遍一遍地反复练，有的同志手打起了泡，有的手被钢丝划出了血，仍达不到技术要求，有的不想再练了，小吴还说"何必急于一时呢"。辛队长鼓励大家，不要泄气，他自己也坚持带伤练习。功夫不负有心人，小吴他们终于掌握了技术要领，刮蜡片接头打得又快又好。

在实际工作中，辛玉和觉得，严和细不能分家，光严不细不行，严里面包含细，严正是从细处着眼。他始终用这一标准要求自己。

天气冷了，油井结蜡严重。为保证生产，1963年10月队上要换一批新刮蜡片。辛玉和从矿上领回来的刮蜡片，是新产品，以前未曾用过。而且这种刮蜡片在使用时要软得多，能不能保证换了以后不出任何事故呢？辛队长没有简单地叫材料员发给各井组，而是亲自带上刮蜡片逐井进行试验。直到反复试验证明刮蜡片不变形、效能良好，才放心地交给工人使用。

平时，哪口井要调换新的清蜡钢丝了，辛玉和队长总是要亲自盯在井上，用放大镜一寸一寸地检查钢丝有没有砂眼，以杜绝掉刮蜡片生产事故的发生。

辛玉和对工人要求得严，要求得细。对自己要求更严、更细。他常说："干部是工人的带头人，要严格要求工人，干部就必须首先严格要求自己，不然说话就没本钱，腰杆就不硬。"

1963年12月的一天，辛玉和得了流行性感冒。晚上，指导员赶忙找大夫检查：体温高达39摄氏度多。大夫给开了药，打了针。指导员硬把他按在床上，被子上又给盖上了一件皮大衣，叫他好好休息，睡一觉出出汗。不久天气变了，西北风刮得越来越猛，鹅毛大雪下个不停，他不放心井上生产，披起一件老羊皮袄就往井场跑去。

辛玉和一直保持这样一种作风，越是刮风下雨天，越是恶劣的气候，他就越是往井上跑得勤、检查得细。今天，天气不好，虽然有病在身，也顾不得了。他出了门，沿着管线逐段认真细致地检查。当检查到泵站时，他发现3台锅炉中有1台出了故障，刚停炉。蒸汽供应不足了，有冻管线的危险。辛玉和立即组织人力抢修和检查管线。一直忙到清晨5点多钟，管线保住了，而辛玉和却晕倒在管线旁……另一个风雨交加的夜晚，天气骤然冷了，正在井上值班的工人小谷心想：这样的天气，下这么大的雨，干部是不会到井上来检查了吧。于是他想抽空休息一会，刚伏在桌上打盹，猛听得值班房的门"吱"地响了一声，抬头一看，辛玉和队长进来了。只见队长浑身上下湿得透透的，水顺着头发往下直淌。小谷问："下这么大的雨，队长还到井上来？"辛玉和一边抹头上脸上的水，一边说："我也和你们一样，应该坚守'四个一样'。"小谷听了，心中十分激动。辛玉和队长真是事事以身作则，处处严格要求自己，用实际行动给我们做出了好样子。

一次，辛玉和在某井顶岗，和工人们一起搞井场规格化。当时，正是十月末，地已经冻了，冷风飕飕。辛玉和却脱掉棉衣和大家一道干得热汗直淌，井场平整得差不多了，只剩下一个油池的位置不对。这油池原先是钻井队打井用的泥浆池，很大，也很深，里面灌满了原油，原油又凝结了。要平整井场，就得将油池的油全部挖出来。这么深，油又那么多，怎么下去呀！大家围在油池边上挖。辛玉和一声未吭，把鞋一脱，裤腿一挽，操起铁锹就往油池里跳。然后一锹一锹挖起来。看见队长这样，大家还能说什么呢？他们像辛队长一样，脱掉了鞋子下了油池……

辛玉和队长就是这样，严格要求，以身作则。严出战斗力，严出好作风，严出高标准。三矿四队在辛玉和队长带领下，连年夺标杆，建队当年就被评为红旗队，1964年，石油工业部授予三矿四队"高度觉悟、严细成风"锦旗一面。从此，三矿四队成了大庆油田"三老四严"的一个标杆。

（来源：《大庆之魂》）

（四）"三老四严"薪火相传

中四采油队是"三老四严"优良传统发源地，组建于1960年。主要开采萨尔图、葡萄花、高台子三套层系，管理面积7.33平方千米。现有员工78人，其中党员21人，管理油水井363口、计量间11座，转油站1座。

"三老四严"薪火相传

"三老四严"传家宝57年不走样，建队当年就被会战领导小组授予"钢铁采油队"，进入新时期，老标杆不断焕发新光彩，荣获了全国工人先锋号、集团公司基层建设百个标杆单位等荣誉称号，被集团公司命名为企业精神教育基地。已累计生产原油1168万吨、天然气7.3亿立方米。

第一采油厂三矿中四采油队总有着讲不完的历史和传承。

虽然班子换了一届又一届，工人换了一茬又一茬，但唯独不变的是对"三老四严"传家宝的薪火相传。

"对待革命事业，要当老实人，说老实话，做老实事；干革命工作，要有严格的要求，严密的组织，严肃的态度，严明的纪律。"50多年来，作为大庆精神的重要组成部分，"三老四严"在油田开发建设史上发挥了重要作用，不仅是中四采油队更是大庆油田的队伍之魂。

1963年10月9日，《战报》发表《认真贯彻"三老""四严"和"四个一样"的作风》，全文刊登《中华人民共和国石油工业部工作条例》中，关于工作作风的问题。从此"三老四严"成为大庆石油人的精神基因，而中四采油队的成长也开始从弘扬"三老四严"优良传统起步。

作为"三老四严"优良传统发源地，中四采油队肩上传承的责任更重。新时期新形势下，他们对传统的传承与践行有着怎样的思考和感悟？又在新时期赋予了"三老四严"怎样的新内涵？

9月29日，记者再次走进这里，倾听那些有关于"三老四严"传承的故事，近距离感悟这种精神的力量。

走进中四采油队队部，会让人立刻感受到一种力量，这种感受不仅来自墙壁上张贴的"三老四严"和"标兵故事"宣传板上文字的讲述，更来自每一名员工从穿戴工服的整齐，奔赴岗位的有序，展现出的一种昂扬的精神状态。

"四队的采油人都有一个根，三老四严是我们的队魂……"早会上，中四采油队传来了嘹亮的《身在四队做传人》队歌。

细听，每一句歌词都是对中四采油队优良传统的回顾与感悟。"每天早上唱响我们自己创作的队歌，很提劲儿，让我们精神饱满地投入新一天的工作。"采油工李卓伦告诉记者。

这么多年，中四采油队始终坚持用"三老四严"育人铸魂，对优良传统的再学习、再教育从未停止过，中四采油队的每一分子无时无刻不在接受着"精神洗礼"。

他们坚持每天唱队歌不间断、新员工队史教育不间断、每周队务会讲传统故事不间断，还总结出"观听讲谈唱写演展"八字教育法，让"三老四严"入耳入脑，入言入行。

"我们始终坚持把'三老四严'贯穿于思想教育全过程，通过学传统、育文化、树形象，就是要形成人人坚持'三老四严'，事事做到'三老四严'。"该队党支部书记李雪莹告诉记者。

在中四采油队会议室外墙壁上一幅题为《岁月》的油画引起了记者的注意。画中一名工人坐在前面若有所思，身后是几名六七十年代的采油工在认真工作。

"这是我们一个维修工人自己创作的，他想表达的是一种回顾和感怀，也是对传统的传承、延续的思考。"李雪莹说道。

当年，由一个刮蜡片引发了中四队深刻的思考，从此，中四采油队干部员工以实事求是、严细认真的作风对待每一项工作。

今天，依然如此。

　　他们坚持把"三老四严"的优良作风融入生产管理的各项具体工作中，用他们的话说，"三老四严"既是要求，又是标准，关键是严，核心是细。

　　有这样一组数据：自 1960 年建队至今，油水井资料全准率始终保持 100%，106.6 万次巡回检查无一遗漏，25.54 万张报表填写无一涂改，4992 万个生产数据无一差错。

　　这就是传统。一个个精准数据的背后，正是他们用"三老四严"的态度，踏踏实实抓开发的最好证明。

　　在"三老四严，诚信开发"的管理理念下，他们自觉做到"讲诚信、说实话、不造假"。

　　记得有一次，在地质资料检查时，一名采油工发现一口注水井压力上升了 0.1 兆帕，担心如实填写会影响检查成绩。地质技术员刘忠永得知情况后，坚持如实上报数据，并找出压力异常原因。他说："'三老四严'讲的就是实事求是，一个假数据不仅会影响油田开发，也会丢掉中四队的好传统，名次丢了可以再夺，传统丢了却无法再补。"

　　传承，本质上是践行。

　　一进入中四采油队会议室，"弘扬优良传统，当好标杆旗帜"的标语很"打眼"，作为老标杆，新时期，他们将"三老四严"赋予新的时代内涵，在当好标杆旗帜的实践中，他们更"打样"。

　　当前，虽然油田发展形势严峻复杂，但作为老标杆，中四采油队立志要有新作为，他们始终在积蓄一种积极的力量，以实干树标杆举旗帜，以实干促发展增效益。

　　"我们将'三老四严'的作风与过'紧日子'的思想融合，不断强化效益意识，有效控制成本，精细挖潜，就是要实实在在提效益。"李雪莹说道。

　　在这方面，中四采油队创新了很多管理方法。

　　比如，推行全要素绩效考核机制、开展"四个不出队"修旧利废，更创新"区域化"管理模式，积极挖掘劳动用工潜力，创造了当年增井增站不增人的纪录，目前人均管理井数由 2010 年 10 口井 / 人上升到 17.7 口井 / 人。

为了节省生产成本，中四采油队从细处下实功，就说抽油机密封圈，加紧了费电，加松了漏油，现在队里采油工都把密封圈加到松紧合适，宁可多紧几次密封圈，多擦几遍光杆上的油渍，也要把电省下来。这样一来，每口井每天能节电 5.5 度，一年下来，全队光这一项就能省下 40 多万元。用他们自己的话说，"宁可调千遍，不费一度电。"

记得有一年，中四采油队 182 口新井投产，按计划要 4 个多月才能完成，当时产量任务非常紧张，为了夺油抢产，施工单位半夜完工，就半夜上去投产，道路泥泞，车辆进不去，就人拉肩扛，仅用 60 天就完成投产任务，抢出产量 1.4 万多吨。

"这就是中四队人。"李雪莹说，"做人、干事实实在在，真抓真干啊！宁掉几斤肉，不舍一两油。"

传承"三老四严"优良传统是责，践行这种精神在心。责之所在，心之所往。用"三老四严"建队育魂，锤炼作风，才能确保传统不丢，旗帜高扬。

每口印着"中四队"名字的油水井，都代表着大庆油田的形象，同样，传承践行"三老四严"优良传统也是每个大庆石油人的责任，让精神力量薪火相传，它必将激励新时期大庆石油人去书写新的精彩。

（来源：《大庆油田报》2017 年 9 月）

（五）"三老四严"新传人

标杆队的队长不好当，大庆油田第一采油厂三矿中四采油队的队长更不好当。

中四队是闻名遐迩的"三老四严"发源地。2010 年底，侯涛接过

中四队第21任队长的接力棒,感觉肩上责任沉甸甸的。

"进了中四队,就要做好'三老四严'新传人。"侯涛下定决心。在他的带领下,老标杆在新时期熠熠生辉,中四队先后获得全国工人先锋号、集团公司基层建设百个标杆单位等荣誉称号。

5月9日一早,侯涛安排完工作,和记者聊起他和中四队的故事。

"实"字当头抓开发——百人小队连年超产

"我们队长没架子。刚来时,队里每个人都是他的师傅。很快中四队的生产情况他就门儿清了。"中四队老员工张成玉说。

2010年底,侯涛刚担任队长时,正处于中四队新井、新站投产的关键期,工作量大、时间紧。

不能在关键时刻掉链子。为了打出百分井,侯涛选择了一口新投产井,和几名干部像艺术品一样精雕细刻。

有了样板,全队员工奋战3个月,将所有新井都打成了百分井。检查组验收时赞叹:"一打眼就知道哪个是中四队管的井,不仅管理水平高,而且指标还实打实过得硬,这个金牌含金量十足啊。"

在侯涛的带领下,中四队油水井和计量间100%达到一类标准,管辖的305转油站始终保持大庆油田有限责任公司样板站水平,连续5年被评为大庆油田有限责任公司"金牌采油队"。

"三老四严"体现的是高标准、严要求。一次夜班查岗,正赶上一名新员工值班。侯涛问:"站上给全队多少口井提供掺水?"他含糊地答了个差不多的数。侯涛心里一沉,差不多怎么行?

第二天,侯涛就召开班子会,带头做检讨,班组成员也都进行深刻的自我剖析。干部的举动影响了员工,大家认识到"三老四严"就是中四队的根,是中四队的做事标准、做人原则。

侯涛推行"真细优精"四字工作法,全队员工以诚信为本,自觉取全取准第一手资料,为编制油田开发方案提供可靠依据。以"一口井工程"为载体，持续开展"专地下、抓管理、优指标、保稳产"活动，依托数字化信息管理平台，随时掌控全队各套层系开发情况，了解动态变化，及时发现问题井和潜力井，及时进行动态跟踪调整，提高开发水平。

1960年3月建队至今，中四队油水井资料全准率始终保持100%，86.4万次巡回检查无一遗漏，24.96万张报表填写无一涂改，4959万个生产数据无一差错。2010年至2016年，超产原油2.04万吨。

"细"字实践强管理——提质增效频出高招

中四队管辖的油水井分布在繁华市区，每口井都代表着油田形象。

侯涛像老队长辛玉和那样，干就干精、干就干细。他以"精管每口井，优采每吨油"为目标，组织编制《管理手册》《标准化操作手册》，注重质量管理节点控制，确保生产管理规范高效。

为适应产能建设井站增加的实际，侯涛打破以计量间为单元的传统模式，创新实施区域化管理，成立集日常巡检、常项维修、故障处理等职能于一体的大班组区域化精细管理模式。在增加168口油水井的情况下，员工总数减少22人，单井劳动用工0.21人，实现了增井增站不增人。

低油价下，从一点一滴做起，建设效益型采油队，侯涛和班子成员制定了"节能降耗十六计"。

管井工陈绍峰向记者介绍了如何控制皮带费用的经验："卸下来的破股或者单根皮带，长短不一，我们就把长度一致的组装在用料比较少的井上；已经断掉的皮带，就用来加密封圈。还有皮带上的绳子，编成辫子可以当密封圈用，这就是我们的材料全生命周期管理，省钱杠杠的。"

"我们将降本指标细化到单井，落实到人头。节约的每分钱都是效益，哪怕是一根最不起眼的绳子。"侯涛说。

除了节流外,还要找准方法开源。侯涛的策略是:一方面抓超产,一方面抓创新创效。据悉,中四队成立"方萍团队创新工作室",立足岗位,精打细算,完成创新成果26项,创经济效益800多万元。2016年,中四队吨液耗气由1.17立方米下降到0.96立方米,吨液耗电由0.81千瓦·时下降到0.79千瓦·时。

"严"字用功保安全——安全生产超两万天

采油队是24小时连续生产,每天都和油气设备、管道打交道,安全风险较大。

侯涛清楚地记得,担任队长那天,是中四队安全生产第18079天。作为新传人,侯涛像前辈那样,用"三老四严"理念抓安全。截至今年5月9日,中四队实现安全生产20887天,57年无事故,成为大庆油田安全生产时间最长的基层队。

最长纪录是从严要求、从严管理的结果。

侯涛推行安全环保"两环五控"风险控制和全员写风险。全队共识别风险5万多条,固化风险项目12大类132项,形成了中四队自己的风险辨识防控库。

侯涛也给自己定下"三到现场三驻队"规矩,即急活难活到现场、高危作业到现场、夜间巡查到现场,生产改造提前驻队、天气恶劣当天驻队、节假日里替班驻队。当队长7年,他做事雷厉风行、说到做到。

中四队党支部书记李雪莹告诉记者:"侯涛干工作那股严细劲,深深感染了大家。"

在侯涛的办公桌上,记者看到一个工作记录本,翻开发现,每天都有记录,有时一天甚至记了整整3页。黑色的笔迹中,还夹杂一些红色标注。

侯涛解释,画红圈的,是需要干部落实的;画红勾的,由员工直接落实;前面标字母"B"的,是自己做的。

几年来，侯涛先后被评为集团公司劳动模范、黑龙江省青年五四奖章。今年，他又成为集团公司铁人奖章获得者。但在员工眼里，他还是刚开始时的朴实队长，开起早会像个生产调度员，夜间巡检戴着狗皮帽子顶着寒风一查就是两个小时……

当队长7年，侯涛周末很少休息。不是不热爱生活和家人，在繁忙的工作面前，他只能把这份爱藏在心里。记者看到，在工作记录本首页，是他儿子的照片，是一份父亲的温情。

（来源：《大庆油田报》2018年8月）

（六）用"三老四严"抓安全——第一采油厂三矿中四队强化风险管控侧记

截至2018年9月11日，第一采油厂三矿中四队连续安全生产达21378天，创造了自1960年建队，连续58年零事故的工作业绩。对于"三老四严"优良传统的发源地来说，他们是如何保证58年的时间里安全无事故的？

在中四队，"三老四严"体现在安全工作上就是抓细安全基础管理，抓实安全管理责任，抓好安全素质提升，从严从实，确保安全生产行稳致远。

基础不牢，地动山摇，抓细安全基础管理就是立足实际，强化"风险管控"。为此，中四队从管理、现场、操作三方面开展讨论，让风险点源"浮出水面"。针对8个现场操作工种涉及的风险点源，他们建立了风险评估体系，将风险提示、防控措施融入应急处置卡，形成风险防控库，提升全员安全意识。

在实际操作中，员工按照"一卡一案"严格履行安全程序，应对突发事件的能力得到极大加强。6月5日夜，暴雨突降，导致了中四队辖区内发生大面积闪停事件，305中转站作为这个队唯一的中转站，也发

生了临时双电源失电闪停的情况，如果不能及时处理将发生冒罐事故。当夜值班员工赵劲松、李季瑶第一时间上报事件，按照应急预案程序及时检查，重启设备，有效保证了中转站安全平稳运行。

"严管就是厚爱"，抓实安全管理制度关键在于强化全队风险防控能力。为此，这个队按照厂、矿、队、班组"四级隐患排查"相关要求，实行站内天天查、队内专项查、大队重点查、厂级重点查的检查制度，通过四级联动检查，带动的不仅是中四队良好的安全生产局面，更带动了员工严细认真的工作作风。

8月25日，中四队305转油站站长田雨在全站工艺检查过程中，发现2号加热炉涂刷的肥皂水存在气泡，经确认为加热炉电磁阀漏气，本来是个不起眼的地方，一个不注意就容易漏过这个风险点，但是在严细认真的检查下，类似的细微隐患从来逃不过田雨的"法眼"，最终经过及时核实处理，避免了安全事故的发生。

有了严格安全工作制度和四级联动检查，安全工作并不能万无一失，中四队副队长焦阳说："人的主观能动性是做好一切工作的根源，安全工作要做好，关键还是要树立起员工的安全意识。"

每天早上上岗前的安全例会，队干部会根据每天的工作安排进行安全讲话，对员工有针对性地进行安全教育和风险提醒。

安全生产永远在路上。据了解，下一步中四队将进一步夯实基础工作，提高安全生产管理水平，持续发力，努力实现安全"零伤害、零非停、零风险、零污染、零容忍"的"五零"目标，让"三老四严"优良传统在发源地焕发出强大生命力。

（来源：《大庆油田报》2018年9月）

（七）根植沃土　向阳生长——来自第一采油厂三矿中四采油队实现"四无"目标的调查报告

第一采油厂三矿中四采油队组建于1960年3月份，曾经是石油工业部和大庆会战工委命名的标杆单位。在这里起源的"三老四严"优良传统，作为大庆精神的重要组成部分，在油田开发建设史上发挥着重要作用。

建队以来，中四采油队坚持传承弘扬"三老四严"优良传统，用"三老四严"育人铸魂。60年来，中四采油队里进进出出1727人，始终保持着"干部无违纪、员工无违规、安全无事故、荣誉无水分"的"四无"目标，这一成绩多次获得油田主要领导表扬。

在西宾路，有一个门口立着"'三老四严'发源地"石碑的独门小院就是中四采油队。

作为油田宣传展示大庆精神大庆传统的重要窗口之一，他们始终将"三老四严"的好传统、好作风熔铸在队伍的灵魂里、奋进的脚步中，代代相传，使老标杆持久焕发着新活力。

今年统计显示：近60年，中四采油队里进进出出1727人，始终保持着"四无"目标。时间跨度如此长、涉及人数如此众多，他们是如何实现这一目标的？近日，记者走进中四采油队，深入探访其中奥秘。

看业绩：中四采油队从打出"五好井"到16项油田开发指标年年达到100%，年年超额完成产量任务，始终保持着油田开发高水平。

中四采油队的前身是中区综合四队，在大庆石油会战时，他们为了尽快开井夺油，白天怀揣着野菜团子，吃在井上、干在井上，仅用3天时间创出一口"五好井"的全新纪录。1961年被授予"五好标杆队"荣誉称号。

在油田开发的不同历史阶段，中四采油队始终保持高水平发展，16项开发指标年年达到100%，实现上万次巡检无遗漏、上万张报表无涂

改、上万个数据无差错，先后获得油田公司级以上荣誉56项。

为什么他们能够近60年如一日地保持领先？

长效的业绩源于他们始终有效把握油田开发规律，不断创新有效管理办法，实现业绩上的动态突破。

如今，油田含水越来越高、开发难度越来越大，管理难度也随之增大，中四采油队适时提出"三化三控制"，连续3年被油田公司评为"金牌采油队"。同时，他们还积极探索生产组织区域化，优化人力资源配置，实现多采油、少消耗、增井增站不增人。围绕电、气、水、材料四大项，深入挖潜，降本增效，总结形成了"节能降耗十六计"，实现修旧利废"四不出队"。

"宁要一个真实的数据，不要一个虚假的荣誉""宁掉一斤肉，不舍一两油"……这些思想扎根在干部员工的心中，外化为行动。建队以来，他们累计生产原油1190万吨、天然气75362万立方米，年年超额完成产量任务，安全生产超两万天。

看状态：中四采油队坚持"三老四严"传统教育，夯实党支部建设，通过典型辐射，带动队伍始终保持着昂扬向上的精神面貌。

一面面锦旗的来历，一个个先进模范人物的故事，周恩来等老一辈革命家的深切关怀……这些是中四采油队每一名干部员工到岗的第一课。

"进了四队门，要做'三老四严'传人"，这样的价值观在"观听讲谈唱写演展"八字传统教育法的实施中得到树立和强化，老师傅们也自觉肩负起弘扬传统的责任，与年轻员工结成对子，传思想、带作风。

第一采油厂仪表安装大队党委书记李文英曾担任过中四采油队的第18任党支部书记，她回忆说，"中四采油队的传统教育会让人油然而生地产生集体荣誉感和使命感，在这样的教育下，'三老四严'成为我们一生做人做事的准则。"

"建好党支部带干部、当好干部带党员、做好党员带群众",这样的联动效应在中四采油队更替的 27 任班子中始终发挥着作用。他们实施党员"旗帜工程",实行"党员先锋指数"考核,全队 21 名党员都按照"先锋"标准,亮身份、立标准、做表率,在群众心里留下深刻印象。

"我们还把'血染镐把'的故事主人公杨德福等老典型请回队里忆传统、讲故事,激发员工学典型样、照典型做。"中四采油队党支部书记李雪莹说。通过开展"三老四严之星"等评选活动,他们还选树了一大批身边的典型,"活联通图"技术员刘忠永等成为青工心中的"明星"。

今年一天夜里,暴雨导致井上大面积停电,青工王金戈向典型看齐,主动赶到队里与值班人员一起上井启机,90 分钟将 70 多口井全部恢复生产。在这样的带动下,全队的精神面貌始终保持昂扬向上的劲头。

看文化:中四采油队通过"家"文化建设聚情感,通过立体式严格管控定底线,严慈相济展现人性化管理的魅力。

干部心里装着员工,员工心里才能想着企业。建设"家文化"、培育"家情怀",中四采油队始终一手抓生产、一手抓生活,真正将提升员工的幸福指数作为维护员工利益的出发点和落脚点。

作为中四采油队的队干部,他们最关心的是员工的利益问题,大事小情都充分征求员工意见,并定下了队务公开"四个凡是"的准则,队部展板上贴满了各项公示内容,接受员工监督,保障员工权益。

他们最关注的是员工的思想变化,给每名员工都建立了《员工爱心档案》,深化"八清八必到"思想政治工作法。青年员工多,队干部们就常关注他们喜欢的微信、微博、抖音等,了解动态,对可能发生的情况进行预警,避免了酒驾等违规事件发生。

他们最关爱的是员工的情感状况,开展小型多样、丰富多彩的文化娱乐活动,提出"餐餐都是家的味道"食堂服务理念,发动员工业余时间种植小菜园等,让员工感受到被关心、被爱护、被理解、被尊重,营造"家"的幸福氛围。

前几天,刚退休一个月的束师傅又回到队里,说想"家"了。束师傅曾因某些原因情绪消极,是中四采油队实行"三级负责两包保"责任制后,原队长侯涛和现队长王一伦先后成为他的包保人,让他重拾对生活的热情和信心。而像这样的包保对子,2014年以来,全队建立了41个,帮助群众解决各类问题400多个。

同时,中四采油队又架起了"十个不能碰"的"高压线",让党员干部铭记底线、敬畏红线;围好8小时之外的"警戒线",用8小时内的教育约束8小时之外的行为;夯实责任管理的"防火墙",让干部员工守土有责、守土负责、守土尽责;算好个人"廉洁账",引导干部员工严以律己、洁身自好,主动做正能量的传播者。

经验启示

虽然没有确切统计过大庆油田有多少支基层队伍能够实现"四无"目标,可能中四采油队并不是唯一的一支。但可以肯定的是,时代的发展,各种思潮的冲击,各种因素的影响等,我们的干部员工队伍中间确实有违规、违纪甚至违法现象的产生。

班子换了一届又一届,工人换了一茬又一茬,近60年的"四无"纪录,中四采油队"为什么能"?因为"三老四严"的传统一直没有丢,因为"三老四严"的实践从来没有断。

中四采油队的做法对于如何在思想领域凝心聚力具有重要的借鉴意义。

用"三老四严"筑牢理想信念,他们始终践行"'三老四严'立身,原油稳产立功",强化标杆意识和责任担当,把大庆精神大庆传统深植于心、固化于制、外化于行。

用"三老四严"打造坚实堡垒,他们坚持"围绕生产抓党建,抓好党建促发展",将"三老四严"优良传统融入党支部建设中,不断提高基层党建工作质量和水平。

用"三老四严"培育"铁人式"队伍,他们确立了"高度觉悟、严细成风"的核心理念,全队上下牢固树立"典型集体有我名副其实、我在典型集体中必尽光热"的意识,使命感和责任感深植于心。

用"三老四严"提升日常工作标准,他们不断加强三基工作,通过精准定标、精准施策、精准提能,始终保持各项工作争一流、上水平。

用"三老四严"营造风正气清的工作环境,他们真心实意为员工解难事、排忧事、做实事,通过严格管控增强队伍的敬畏感,使干部员工做人做事有准则、不越线。

更为关键的是,在成绩和荣誉面前,他们始终坚持"两分法"前进,实事求是,真正把"三老四严"变成一种习惯、一种遵循、一种品格、一种文化。也因此,他们与时代同进步,始终鲜活生动,成为"不老"的标杆。

(来源:《大庆油田报》2019 年 11 月)

参 考 文 献

余秋里. 2011. 余秋里回忆录［M］. 北京：人民出版社.

吴翎君. 2017. 美孚石油公司在中国（1870—1933）［M］. 上海：上海人民出版社.

冀年勇. 2011. 讲那创业年代的故事［M］. 北京：石油工业出版社.

宋洪德, 刘金友. 2018. 新时代大庆精神研究［M］. 哈尔滨：黑龙江人民出版社.

李敬晶, 张志军. 2013. 大庆精神理性透视［M］. 哈尔滨：黑龙江人民出版社.

宋玉玲, 陈万新. 2000. 大庆精神代代相传［M］. 哈尔滨：黑龙江人民出版社.

李志霞. 2016. 大庆石油会战群体的心理学透视［M］. 哈尔滨：黑龙江教育出版社.

康世恩. 1990. 五十年代向毛泽东同志的一次汇报［J］. 瞭望, 53：9.

董耷覃. 2014. 余秋里讲大庆会战［J］. 中国石油石化, 11：76-78.

孙宝范. 2007. 大庆石油会战是怎样打赢的——科学理论与创业实践紧密结合的成功范例［J］. 大庆社会科学, 2：142-148.

李志波, 李捷. 2013. 石油会战文化应运而生的领导模式［J］. 石油教育, 6：25-27.

郑国贤. 2009. 论"三老四严""四个一样"在大庆油田企业文化形成发展中的地位与作用［J］. 大庆社会科学, 5：81-82.

傅殿戈. 2006. "三老四严，四个一样"：从工作标准到心理契约［J］. 中外企业文化, 9：44-46.

邹俊娟, 卞青霞, 刘玉珍. 2017. "两论"的哲学智慧与大庆石油会战——以1960年的《战报》为中心［J］. 大庆师范学院学报, 4：31-34.

王立夫, 李秀恩, 范立凯. 2006. 赋予"三老四严"时代新内涵［J］. 企业文明, 5：17-18.

闫裕道. 2013. 传扬"三老四严""四个一样"作风 努力开创专家工作新局面［J］. 大庆社会科学, 3：13-18.

包利文. 2008. "三老四严"：党员干部廉洁自律的基石［J］. 大庆社会科学, 4：60-62.

后 记

为使广大员工铭记前辈创业之艰辛,重现"三老四严"传承、发展历程,全面展现一厂人"'三老四严'立身,原油稳产立功"的生动实践,鼓舞广大干部员工奋力前行的信心和信念,2019年初,第一采油厂决定编撰出版《三老四严》一书,历时一年半时间完成。

本书将"三老四严"优良作风与新时代宏大背景联系起来,与第一采油厂生产实际联系起来,探讨了作为大庆精神重要组成部分的"三老四严"产生、传承、发展的全过程,记录了大庆石油人,特别是第一采油厂广大干部员工不畏困难、继承传统,用实际行动践行"三老四严"优良作风的生动事迹,总结了新时期新形势下弘扬优良传统、带队伍、抓管理、促提升的创新做法,并对传承弘扬石油精神进行了思考和研究。希望通过这些珍贵的历史资料、课题组集体的理论探索,体现出几代大庆石油人发扬"三老四严"优良传统的贡献担当和火热实践,同时也希望为下一步继续开展企业文化建设提供借鉴和参考。

本书是集体智慧的结晶,在编撰过程中,得到了第一采油厂主要领导的高度重视和机关各部室、基层单位的大力支持和协助,参阅、摘录了一些大庆精神铁人精神研究专家的学术观点,得到了大庆师范学院大庆精神研究基地的科研支持,在此一并表示诚挚感谢。

本书所记述内容时间跨度长、涉及领域宽、承载内容广,因此编撰工作面临诸多困难,工作量也超出预期。有一些提法说法不尽相同,虽然经过了反复考证,提出自己的观点,做了很大的努力,但因水平所限,难免存在疏漏和不足之处,敬请广大读者批评、指正。

《三老四严》编委会